beck'sche reihe

W0213025

bsr

Der vietnamesische Revolutionär und Politiker Ho Chi Minh ist im Westen vor allem als Ikone der 68er bekannt. Die einstige Symbolfigur des antikapitalistischen Guerrillakampfes wird heute aber auch mit Terror und Unterdrückung in Verbindung gebracht. Dabei ist das Leben des Meisters der Tarnung, der immer wieder Namen und Identitäten wechselte, rätselhaft geblieben. Martin Großheim beschreibt auf der Grundlage bisher unbekannter Quellen die Laufbahn Ho Chi Minhs (1890–1969) von seiner Kindheit im Hause eines konfuzianischen Gelehrten über seine Politisierung in Paris und Moskau und den Kampf gegen die Kolonialherrschaft bis zur Präsidentschaft in Nordvietnam. Zur Sprache kommt dabei auch das Privatleben des Asketen, etwa seine weitgehend unbekannte Ehe mit einer Chinesin.

Martin Großheim, geb. 1963, lehrt als Gastprofessor an der Universität Tokyo und ist Privatdozent für Südostasienkunde an der Universität Passau.

Martin Großheim

Ho Chi Minh

Der geheimnisvolle
Revolutionär

Leben und Legende

Verlag C.H.Beck

Mit 9 Abbildungen und 3 Karten

Originalausgabe

© Verlag C.H.Beck oHG, München 2011

Satz, Druck u. Bindung: Druckerei C.H.Beck, Nördlingen
Umschlagentwurf: malsyteufel, willich
Umschlagabbildung: Ho Chi Minh, 1966 © Ullstein Bild/ADN-Bildarchiv
Printed in Germany
ISBN 978 3 406 62208 3

www.beck.de

Inhalt

Anhang

Vorwort

Ho Chi Minh alias Van Ba, Nguyen Ai Quoc, Chen Vang, Ly Thuy, Thao Chin, Ong Tin, Tho, Nam Son, Vuong, Lin, Chin, Ho Quang etc. – zeit seines Lebens zeigte der Gründer des unabhängigen Vietnam und die Ikone des vietnamesischen Widerstandes gegen ausländische Aggressoren eine starke Neigung, seine wahre Identität und Teile seiner Biographie hinter unzähligen Decknamen und einer Mischung aus Fiktion und Realität zu verbergen.

In seinen frühen Jahren als junger vietnamesischer Nationalist und Komintern-Agent hatte diese Geheimhaltung praktische Gründe, denn auf seinen langen Reisen durch Europa und Asien war Ho Chi Minh häufig auf der Flucht vor der französischen Sûreté oder anderen Sicherheitsorganen. Doch auch in der späten Phase seines Lebens, als sein Traum der Befreiung von kolonialer Fremdherrschaft Wirklichkeit und er zum Präsidenten eines unabhängigen vietnamesischen Staates geworden war, liebte er es, Pseudonyme zu verwenden. So erschienen seine Artikel und Bücher unter mehr als hundert verschiedenen Autorennamen. Zudem bemühte er sich nach 1945 verstärkt, eine manipulierte Version seiner Biographie zu propagieren und «sich damit immer wieder neu zu erfinden».[1]

Als er unter dem Namen Ho Chi Minh am 2. September 1945 auf dem Ba-Dinh-Platz in Hanoi die Unabhängigkeit Vietnams verkündete, wusste nur eine kleine Gruppe enger Vertrauter in der Viet-Minh-Führung, dass sich hinter dem ersten Präsidenten der Demokratischen Republik Vietnam (DRV) niemand anderes als der bereits legendäre Nguyen Ai Quoc verbarg, der Gründer der Kommunistischen Partei Vietnams und langjährige Komintern-Agent. Erst Jahre später erfuhr eine breitere Öffentlichkeit, dass beide Personen identisch waren. In einem Interview mit Bernard Fall im Jahr 1962 machte Ho Chi Minh aus seiner Vorliebe zur Geheimhaltung keinen Hehl: «Ein alter Mann liebt es, eine Aura des Geheimnisvollen um sich zu verbreiten. Ich behalte gerne meine kleinen Geheimnisse für mich. Ich bin sicher, Sie werden dies verstehen.»[2]

Der Versuch, diese «kleinen Geheimnisse» im Leben Ho Chi Minhs zu entschleiern, wird jedoch nicht nur durch dessen Hang zur Heimlichtuerei behindert. Vor allem für die erste Phase seines Lebens, in der er lange Reisen durch fast alle Kontinente unternahm und 1917 oder 1918 in Paris eintraf, liegen außer autobiographischen Schriften kaum Quellen vor.[3] Insgesamt hat sich die Quellenlage in den letzten zwei Jahrzehnten allerdings deutlich gebessert. So sind nach dem Zusammenbruch der sozialistischen Staaten viele bislang unerschlossene Quellenbestände zugänglich geworden, die neue Erkenntnisse über das Leben Ho Chi Minhs ermöglichen. Die US-Historikerin Sophie Quinn-Judge stützt sich in ihrer Biographie *Ho Chi Minh: the Missing Years, 1919–1941* neben französischen Quellen vor allem auf Dokumente aus dem Archiv der Kommunistischen Internationale (Komintern) in Moskau und kann auf dieser Grundlage ein neues Bild der ersten, bislang kaum beleuchteten Lebensphase Ho Chi Minhs zeichnen.[4]

Die Erschließung neuer Quellen nach dem Ende des Kalten Krieges erlaubt ebenfalls eine Revision der Geschichte der Kommunistischen Partei Vietnams und des jungen Staates nach 1945, der Beziehungen Nordvietnams zur Sowjetunion und zur Volksrepublik China und damit auch der Rolle Ho Chi Minhs.[5]

Viele neue Studien, darunter auch Biographien über Ho Chi Minh, profitieren davon, dass sich in Vietnam selbst seit Beginn der Reformpolitik *(doi moi)* Ende der achtziger Jahre die Forschungssituation für ausländische Wissenschaftler maßgeblich verbessert hat.[6] Diese neue Offenheit gegenüber ausländischen Forschern findet jedoch immer dann ihre Grenzen, wenn fundamentale Bestandteile der offiziell verbreiteten Geschichtsversion – und hierzu gehören Leben und Werk Ho Chi Minhs – einer Revision unterzogen werden sollen. So erhalten Ausländer keinen Zugang zum Parteiarchiv in Hanoi. Auch stellt die Sammlung von Parteidokumenten, die in den letzten Jahren von einem staatlichen Verlag in Vietnam veröffentlicht wurde, zwar einen unschätzbaren Fundus für die Forscher dar, doch diese umfangreiche (Neu-)Edition druckt bestimmte Dokumente eben gar nicht oder aber in manipulierter Form ab.[7]

Die offizielle Parteihistoriographie im heutigen Vietnam ist nicht daran interessiert, die «kleinen Geheimnisse» im Leben des verstorbenen Präsidenten zu lüften, sondern propagiert unverändert ein einseitiges Bild von Ho Chi Minh als einem «revolutionären Heiligen», der seit seiner Jugend zielstrebig nach einem Weg aus der kolonialen Fremdherrschaft suchte, sein ganzes Leben der nationalen Sache widmete und Vietnam schließlich in die Unabhängigkeit führte.

Während des Kalten Krieges wurde Ho Chi Minh dagegen vor allem in den USA als machiavellistischer, kommunistischer Apparatschik dargestellt, der es geschickt verstand, den Kampf um die nationale Unabhängigkeit Vietnams zu monopolisieren, um im Auftrag Moskaus die kommunistische Diktatur über das vietnamesische Volk zu bringen. Diese Sicht von Ho Chi Minh als «Ausbund des Bösen», die bis heute in bestimmten exilvietnamesischen Kreisen verbreitet wird, ist somit nichts anderes als die Kehrseite seiner hagiographischen Überhöhung in Vietnam.[8] Die vorliegende Monographie bemüht sich, unter Nutzung der neu zugänglich gewordenen Quellenbestände ein facettenreicheres Portrait von Ho Chi Minh zu entwerfen, das sich weder der Version eines «revolutionären Heiligen» noch der eines «heuchlerischen Komintern-Agenten» verpflichtet fühlt.

Zu großem Dank bin ich dem Research Institute for Languages and Cultures of Asia and Africa an der Tokyo University of Foreign Studies verpflichtet an dem ich mich während einer Gastprofessur 2010 und 2011 ganz der Arbeit an diesem Buch widmen konnte. Mein herzlicher Dank gebührt auch meinem Lektor Ulrich Nolte und seiner Mitarbeiterin Angelika von der Lahr für die gute Zusammenarbeit und hervorragende Betreuung sowie Petra Rehder für die umsichtige Redaktion des Manuskripts.

Nicht zuletzt gilt mein besonderer Dank meiner Frau, Ngo Thi Bich Thu, die die Entstehung dieses Buches von Anfang an begleitet hat. Sie hat mir nicht nur wertvolle linguistische Hinweise gegeben, sondern auch anschaulich vermittelt, warum und wie die faszinierende Persönlichkeit Ho Chi Minhs in Vietnam verehrt wird.

1 «Nguyen, der bestimmt erfolgreich sein wird» Kindheit und Jugend in Zentralvietnam (1890–1911)

Als Nguyen Sinh Cung, der spätere Ho Chi Minh, am 19. Mai 1890 in Kim Lien, einem Dorf in der zentralvietnamesischen Provinz Nghe An, geboren wurde, war die Gründung von Französisch-Indochina mit den Protektoraten Tonkin (Nordvietnam), Annam (Zentralvietnam), Kambodscha und der Kolonie Cochinchina (Südvietnam) bereits administrativ vollzogen.[1] Die Franzosen hatten die Errichtung ihrer Kolonialherrschaft über Vietnam, das vor allem als Basis für die geplante französische Expansion nach China dienen sollte, seit Mitte des 19. Jahrhunderts schrittweise vorangetrieben, waren hierbei jedoch auf den erbitterten Widerstand der Vietnamesen getroffen. Dieser Widerstandsgeist, der sich im langen Kampf gegen den mächtigen Nachbarn im Norden, China, herausgebildet hatte, war in Ho Chi Minhs Heimatprovinz Nghe An besonders ausgeprägt. So waren Nghe An und die Nachbarprovinzen im nördlichen Zentralvietnam ab Mitte der 1880er Jahre auch Zentrum der *Can-Vuong*-Bewegung («Loyalität gegenüber dem König»), die vor allem von den Mandarinen, den Repräsentanten des traditionellen Verwaltungsapparates, getragen wurde.[2]

Nghe An wird häufig von Dürren und Überschwemmungen heimgesucht, besitzt wenig fruchtbares Land und gilt als eine der ärmsten Provinzen Vietnams. Der ständige Kampf gegen diese widrigen ökologischen Bedingungen und auch gegen äußere Feinde prägte die Bevölkerung. Die Bewohner von Nghe An gelten in Vietnam bis heute als besonders zäh und ehrgeizig *(hieu thang)* und als geizig.[3] Gleichzeitig sind sie auch für ihren ausgeprägten «Bildungshunger» *(hieu hoc)* bekannt, mit dem sie häufig eine Karriere als Mandarin beginnen und so ihrer Armut entfliehen wollten.

Dieses Umfeld sollte auch den jungen Nguyen Sinh Cung entscheidend prägen.[4] Sein Vater Nguyen Sinh Sac (1863–1929) war bereits im Alter von vier Jahren zum Vollwaisen geworden, dann aber wegen seines besonderen Lerneifers dem Gelehrten Hoang Duong im Nachbardorf Hoang Tru aufgefallen und von diesem als Schüler aufgenommen worden. Nguyen Sinh Sac heiratete schließlich Hoang Thi Loan, eine der Töchter seines Förderers. 1888 wurde ihr erster Sohn Nguyen Sinh Khiem geboren, nach dem zweiten Sohn Nguyen Sinh Cung dann noch 1894 eine Tochter, Nguyen Thi Thanh.

1894 bestand der Vater die regionale Mandarinatsprüfung und erlangte den *cu-nhan*-Grad.[5] Ein Jahr später zog die Familie nach Hue, dem Sitz der Nguyen-Dynastie, wo sich Nguyen Sinh Sac auf die nächsthöhere Mandarinatsprüfung vorbereitete. Bis 1898 scheiterte er jedoch zweimal bei der Prüfung und verdingte sich zunächst als Dorflehrer in der Nähe von Hue. Nachdem seine Frau bei der Geburt eines weiteren Sohnes 1901 gestorben war, brachte Nguyen Sinh Sac seine Familie nach Nghe An zurück. Sein dritter Prüfungsversuch war schließlich erfolgreich. Damit war er der erste Gelehrte in seiner Heimat, der den *pho-bang*-Titel erlangt hatte. Zunächst zeigte er jedoch kein Interesse an einer Karriere in der kaiserlichen Verwaltung, auch weil er die Zusammenarbeit mit den französischen Kolonialherren vermeiden wollte, und arbeitete als Dorflehrer in Kim Lien.

Für seinen 1890 geborenen Sohn ließ er Anfang des 20. Jahrhunderts den offiziellen Namen «Nguyen Tat Thanh» («Nguyen, der bestimmt erfolgreich sein wird») in die Dorfregister eintragen. Tatsächlich schienen sich die Hoffnungen, die Nguyen Sinh Sac in seinen Sohn setzte, zu erfüllen. Im Privatunterricht seines Vaters legte der junge Nguyen Tat Thanh eine ausgesprochene Wissbegier und großen Lerneifer an den Tag. In seinem Unterricht versuchte er, seinem Sohn nicht nur die konfuzianischen Klassiker, sondern auch Patriotismus zu vermitteln. Letzteres stand auch im Mittelpunkt des Unterrichts von Vuong Thuc Qui, dessen Vater auf der Flucht vor den Franzosen Selbstmord begangen hatte und bei dem Nguyen Tat Thanh eine Zeitlang lernte.

In dieser Zeit lernte der junge Ho Chi Minh im Haus seines Vaters Phan Boi Chau (1867–1940) kennen, der bereits in jungen Jahren in seinem Heimatdorf in Nghe An den Widerstand gegen die Franzosen organisiert hatte. Phan Boi Chau war der Überzeugung, dass Vietnam sich nur nach einer grundlegenden Modernisierung von der Kolonialherrschaft befreien könne, und sah in Japan, das seit der Meiji-Restauration 1868 grundlegende Reformen eingeleitet hatte, das geeignete Modell. Er initiierte deshalb die *Dong-Du-*Bewegung («Geh nach Osten»), gründete in Yokohama eine Schule für junge vietnamesische Patrioten und versuchte, die Unterstützung der japanischen Regierung zu erlangen.[6] 1904 lud er Nguyen Tat Thanh und seinen Bruder ein, sich ihm anzuschließen und mit nach Japan zu kommen. Nach seiner eigenen Darstellung lehnte Ho Chi Minh diesen Vorschlag jedoch mit dem Argument ab, dass die Vietnamesen «den Panther durch die Hintertür hereinlassen würden, nachdem sie den Tiger aus der Vordertür herausgelassen hatten», wenn sie sich auf Japan stützen würden. Und außerdem habe Phan Boi Chau auf seine entsprechende Frage zugegeben, dass sich die Japaner bei ihren Reformen am Westen orientiert hätten.[7]

Nach Europa sollte sich der Blick von Nguyen Tat Thanh in den nächsten Jahren immer stärker wenden. Bereits im Sommer 1905 begann er bei einem Freund seines Vaters Französisch zu lernen. Ab September ging er auf die Schule in Vinh, der Provinzhauptstadt von Nghe An, an der Französisch und *quoc ngu*, die vietnamesische Nationalsprache, unterrichtet wurden.[8]

Im Mai 1906 nahm der Vater schließlich einen Posten in der kaiserlichen Verwaltung in Hue an. Seine beiden Söhne studierten zunächst auf der neu gegründeten *Dong-Ba-*Schule, ab Herbst 1907 dann an der neuen Nationalen Akademie *(Quoc Hoc)*, aus der Kandidaten für die Kolonialverwaltung hervorgehen sollten. Nguyen Tat Thanh zeigte auch hier von Anfang an großen Lerneifer. Wegen seines starken *Nghe-An-*Akzentes und seiner «bäuerlichen Kleidung» wurde er von seinen Mitschülern gehänselt. Er entwickelte ein immer stärkeres Interesse für Politik und wurde in seiner antifranzösischen Haltung von seinem Lehrer Hoang Thong bestärkt, bei dem er privat Chinesisch lernte.

Im Frühjahr 1908 brach eine antikoloniale Rebellion gegen hohe Steuerlasten aus, zunächst in der zentralvietnamesischen Provinz Quang Ngai, dann griff sie auch auf Hue über. Nguyen Tat Thanh unterstützte die demonstrierenden Bauern als Übersetzer in ihren Verhandlungen mit dem französischen Résident in Annam. Nachdem die Gespräche erfolglos abgebrochen wurden, eröffneten die Franzosen das Feuer auf die Demonstranten. Nguyen Tat Thanh konnte fliehen, wurde jedoch bereits am darauffolgenden Tag von der *Quoc-Hoc*-Schule verwiesen. Es war wohl auch eine Reaktion auf die Verwicklung seines Sohnes in die Rebellion, dass Nguyen Sinh Sac als Mandarin in den Distrikt Binh Khe in der südlich gelegenen Provinz Binh Dinh versetzt wurde.

Auch Nguyen Tat Thanh begab sich schließlich Richtung Süden. Ein Treffen mit seinem Vater in Binh Khe im Juni 1909 verlief wenig harmonisch, da dieser seinem Sohn Vorwürfe wegen seines Schulverweises machte. Nachdem Nguyen Tat Thanh zunächst in Qui Nhon erfolglos Arbeit gesucht hatte, war er ab Anfang 1910 für einige Monate an einer Schule in Phan Thiet als Lehrer für Chinesisch und *quoc ngu* tätig. Sein Vater wurde in der Zwischenzeit von seinem Posten in Binh Dinh abberufen und in seinem Mandarinatsgrad herabgestuft. Er hatte einen einflussreichen örtlichen Großgrundbesitzer zu hundert Schlägen mit der Rute verurteilt. Als dieser zwei Monate später verstarb, wurde Nguyen Sinh Sac für dessen Tod zur Rechenschaft gezogen. Seine Karriere in der kaiserlichen Verwaltung war damit beendet. Im Februar 1911 ging er nach Saigon und verdiente nun sein Geld mit Chinesischunterricht und dem Verkauf von traditioneller chinesischer Medizin *(thuoc Bac)*.

Auch Nguyen Tat Thanh war Anfang 1911 in die brodelnde Wirtschaftsmetropole von Französisch-Indochina gekommen und traf hier seinen Vater ein letztes Mal. Saigon war das Tor zur Welt, und diese Welt wollte Nguyen Tat Thanh kennenlernen.

2 «Nguyen der Patriot» Von Saigon nach Paris (1911–1923)

Im Juni 1911 heuerte ein schmächtiger Vietnamese namens Ba als Schiffskoch auf der «Amiral Latouche-Tréville» an, die bald mit Ziel Frankreich in See stechen sollte. «Ba» war Nguyen Tat Thanhs neuer Name. Er wollte Frankreich und die anderen westlichen Länder kennenlernen, um ihren Erfolg zu verstehen, schrieb er später. Danach wollte er nach Vietnam zurückkehren, um seinen Landsleuten zu helfen.[1]

Ob der spätere Ho Chi Minh 1911 allerdings bereits mit dem festen Ziel nach Europa aufbrach, einen Weg zur Befreiung seines Vaterlandes zu finden, wie von der offiziellen Historiographie in Vietnam verbreitet wird, ist unklar. Kein Zweifel besteht allerdings daran, dass Nguyen Tat Thanh sich der Ungerechtigkeiten des Kolonialregimes bewusst war. Anders als der Freund seines Vaters, Phan Boi Chau, und dessen Anhänger suchte er jedoch im Westen nach Antworten auf seine Fragen.[2]

Nach einer mehrwöchigen Reise mit Zwischenstopps in Singapur, Colombo und Port Said ging die «Amiral Latouche-Tréville» am 6. Juli 1911 in Marseille vor Anker. «Ba» erhielt eine geringe Heuer und betrat französischen Boden. Dort sah er zum ersten Mal Straßenbahnen, die er in seiner Autobiographie als «fahrende Häuser» bezeichnete. In einem Café wurde er zum ersten Mal mit «Monsieur» angesprochen. Dies veranlasste ihn zu der Bemerkung: «Die Franzosen hier sind besser und höflicher als die Franzosen in Indochina»[3] – eine Erfahrung, die er mit vielen seiner Landsleute in der Metropole teilte.

Nach einigen Tagen Aufenthalt fuhr sein Schiff weiter nach Dünkirchen und Le Havre. Dort war er einen Monat in einer reichen französischen Familie als Gärtner tätig, bevor er Mitte September

1911 auf der «Amiral Latouche-Tréville» nach Marseille zurückkehrte. Bevor das Schiff wieder Richtung Vietnam fuhr, schrieb Nguyen Tat Thanh einen Brief an den Präsidenten der Republik Frankreich und bat um Aufnahme in die Ecole Coloniale, eine Ausbildungsstätte für einheimische Kolonialbeamte in Indochina. Er bezeichnete sich als Student des Französischen und Chinesischen, der selbst keine finanziellen Möglichkeiten habe, und begründete seinen Wunsch damit, dass er «für Frankreich in Bezug auf seine Landsleute nützlich sein und diese gleichzeitig von der Bildung profitieren lassen» wolle.[4] Dieser Brief wird kontrovers beurteilt. Die einen sehen ihn als einen Beweis dafür, dass sich der junge Ho Chi Minh damals noch nicht über seine Ziele im Klaren war und sogar eine Tätigkeit für die französische Kolonialmacht in Betracht zog. Andere interpretieren Nguyen Tat Thanhs Schreiben vorsichtiger: er habe mit seinem Studium an der Kolonialschule in erster Linie seinen eigenen Landsleuten dienen wollen. Da er im gleichen Jahr an seine Schwester schrieb, dass er noch einige Jahre zum Studium in Frankreich bleiben und erst in fünf oder sechs Jahren nach Vietnam zurückkehren werde, deutet allerdings vieles darauf hin, dass seine Karriere als Revolutionär damals noch nicht vorgezeichnet war.

Der junge Nguyen Tat Thanh des Jahres 1911 war deutlich von der Anfang des 20. Jahrhunderts vor allem von Phan Chu Trinh (1872–1926) propagierten Strömung geleitet, die die französischen Versprechungen einer *mission civilisatrice* beim Wort nehmen wollte, um sich die positiven Seiten der französischen Kultur zum Nutzen des eigenen Landes anzueignen.[5]

Nach seiner Rückkehr nach Vietnam versuchte Nguyen Tat Thanh seinen Vater ausfindig zu machen, der zu dieser Zeit in Südvietnam traditionelle Medizin verkaufte, allerdings ohne Erfolg. Ende Oktober 1911 schickte er einen Brief mit einigen Piastern an den französischen Résident Supérieur in Annam mit der Bitte, den Geldbetrag seinem Vater auszuhändigen, erhielt aber keine Antwort. Danach kehrte er mit dem Schiff nach Marseille zurück, wo er die Ablehnung seines Aufnahmeantrages an die Ecole

Coloniale vorfand. Und so heuerte er wieder an. In den folgenden Monaten sammelte Nguyen Tat Thanh erste Eindrücke von verschiedenen Ländern in Afrika und Asien. Nach eigenen Angaben verbrachte er auch einige Zeit in den USA, obwohl dies nicht durch Quellen zu belegen ist. Wohl im Sommer 1914 schrieb er in einer undatierten Postkarte an seinen Mentor Phan Chu Trinh, dass er die letzten Monate in London Englisch gelernt habe. Angeblich arbeitete er dort zeitweise als Assistent des französischen Meisterkochs Auguste Escoffier, doch diese Episode gehört wohl ins Reich der Mythen.[6]

1914 erregte Nguyen Tat Thanh mit seinen Briefen an Phan Chu Trinh und an dessen engen Freund Phan Van Truong, in denen er sich über die Zustände in Indochina beklagte, die Aufmerksamkeit der französischen Sûreté. Die französische Botschaft in London bat daraufhin die britische Polizei, Näheres über den Absender der Briefe in Erfahrung zu bringen. An der angegebenen Adresse fand diese jedoch keinen «N. Tat Thanh» vor.

Die ersten Weltkriegsjahre verbrachte Nguyen Tat Thanh wahrscheinlich in London – die meisten Aussagen über seine Londoner Zeit stützen sich aber in erster Linie auf seine Autobiographie und keine anderen Quellen.[7] Die Informationen über seine Aufenthaltsorte in den Jahren 1917 und 1918 sind widersprüchlich. Später gab er gegenüber der Komintern an, zu dieser Zeit in den USA gelebt zu haben. Einige Zeitzeugen wollen ihn bereits 1917 in Paris gesehen haben. Danach fand Nguyen Tat Thanh dort schnell Zugang zur radikalen intellektuellen Szene und zu der großen exilvietnamesischen Gemeinde in der französischen Hauptstadt. Vor allem stützte er sich auf seine Kontakte zu Phan Chu Trinh und Phan Van Truong, die schon längere Zeit politisch in Frankreich tätig waren. Während des Krieges waren sie kurzzeitig in Haft genommen worden, weil die französischen Behörden sie verdächtigt hatten, einen Aufstand in Vietnam vorbereitet und dabei mit den Deutschen konspiriert zu haben.

Anfang 1919 gründete Nguyen Tat Thanh zusammen mit seinen beiden Gönnern die «Vereinigung patriotischer Annamiten».

Aufgrund ihres höheren Bekanntheitsgrades fungierten Phan Chu Trinh und Phan Van Truong zwar als Vorsitzende der Organisation, doch die treibende Kraft war Nguyen Tat Thanh. Im Frühsommer des Jahres 1919 betrat dieser mit einer spektakulären Aktion die politische Bühne. Inspiriert durch Woodrow Wilsons 14-Punkte-Programm, das das Selbstbestimmungsrecht der Völker vorsah, verfasste Nguyen Tat Thanh mit Unterstützung Phan Van Truongs eine Petition mit dem Titel «Die Forderungen des annamitischen Volkes». Er übergab sie an die Teilnehmer der zu dieser Zeit tagenden Versailler Friedenskonferenz und schickte sie auch an den französischen Präsidenten sowie an Mitglieder der Nationalversammlung.[8] Um größtmögliche Verbreitung zu erzielen, sorgte er auch dafür, dass die Petition in der sozialistischen Zeitung *L'Humanité* abgedruckt wurde. Die Petition war unterzeichnet mit «Für die Gruppe der vietnamesischen Patrioten. Nguyen Ai Quoc», «Nguyen der Patriot» – diesen Namen sollte der spätere Ho Chi Minh bis in die vierziger Jahre verwenden.

Die acht Forderungen der Petition erschienen recht moderat: Unter anderem wurde eine Generalamnestie für alle politischen Gefangenen, eine Reform des Rechtssystems in Indochina, Meinungs- und Pressefreiheit und die Wahl eines vietnamesischen Delegierten in die französische Nationalversammlung gefordert. Von einer Loslösung von der französischen Kolonialherrschaft oder von nationaler Unabhängigkeit war keine Rede.

Die französischen Stellen waren erbost über diese Aktion eines ihnen bis dahin unbekannten Vietnamesen, der es gewagt hatte, eine «verleumderische» Schrift unter den ausländischen Mitgliedern der Versailler Konferenz zu verteilen und sogar an den französischen Präsidenten zu schicken. Als der Résident Supérieur von Tonkin im August 1919 nach Paris meldete, dass bereits Kopien der Petition auf den Straßen Hanois kursierten, setzte die französische Regierung ihren Sicherheitsapparat in Bewegung, um mehr über diesen Nguyen Ai Quoc in Erfahrung zu bringen. Im Dezember 1919 hatte ihn die Sûreté dann als Nguyen Tat Thanh, Sohn des früheren Mandarin Nguyen Sinh Sac, identifiziert, der 1908 wegen «aufrührerischer Aktivitäten» von der Nationalakademie in Hue (*Quoc-Hoc*-Schule) verwiesen worden war. Ab Ende 1919 standen Nguyen Ai Quoc und das Haus in der Villa des Gobelins Nr. 6, in dem er zusammen mit Phan Chu Trinh und Phan Van Truong wohnte, unter ständiger Überwachung. Bis zum Ende seines Aufenthaltes in Paris sollte ihm die Sûreté nun auf Schritt und Tritt folgen.[9]

Seit der Übergabe seiner Petition im Sommer 1919 war Nguyen Ai Quoc in Frankreich unter den Exilvietnamesen und in Vietnam selbst sehr bekannt geworden. Als die Versailler Friedenskonferenz Anfang 1920 schloss, hatten sich jedoch seine Hoffnungen zerschlagen, dass die westlichen Mächte der kolonialen Frage größere Aufmerksamkeit widmen und auch das Selbstbestimmungsrecht der unter Kolonialherrschaft stehenden Völker anerkennen würden. Die US-Delegation hatte zwar den Empfang des Schreibens bestätigt und versprochen, es an Präsident Wilson weiterzuleiten – eine weitere Reaktion erfolgte jedoch nicht.

Die bittere Erkenntnis, dass sie auf die westlichen Mächte nicht zählen konnten, führte in der Gruppe um Nguyen Tat Thanh, Phan Chau Trinh, Phan Van Truong und anderen Exilvietnamesen zu heftigen Diskussionen und förderte unterschiedliche politische Ansätze zutage. Nach Informationen eines Polizeispitzels kam es bereits Anfang Dezember 1919 in der «Gobelin-Gruppe» zu einem Streit. Während Nguyen Ai Quoc meinte, dass sich die Vietnamesen wie «fügsame Schafe» verhielten und zu Komplizen der Franzosen geworden seien, verteidigte Phan Chu Trinh seine gemäßigte Theorie, wonach die Vietnamesen noch nicht reif für den Widerstand gegen die Franzosen seien. Sie sollten vielmehr die Kolonialherrschaft nutzen, um ihre eigene Gesellschaft zu modernisieren und sich der seiner Meinung nach veralteten konfuzianischen Traditionen zu entledigen.[10]

Trotz aller Meinungsverschiedenheiten lebte die Gruppe zunächst weiter zusammen, auch wenn sich die Situation immer schwieriger gestaltete. Dazu litten fast alle Mitglieder unter Bronchitis oder sogar Tuberkulose. Nguyen Ai Quoc, der in den Pariser Bibliotheken viele Stunden mit der Lektüre sozialistischer Bücher verbrachte, tendierte in seinen politischen Ansichten immer mehr nach links. Nach eigener Darstellung hatte er sein politisches Erweckungserlebnis im Juli 1920, als ein Bekannter ihm Lenins «Thesen zur nationalen und kolonialen Frage» zu lesen gab. Nach der Lektüre sei er zu Tränen gerührt gewesen und habe, obwohl er allein in einem Raum saß, seinen Landsleuten zugerufen: «Dies ist es, was wir brauchen, dies ist der Weg zu unserer Befreiung!»[11] Dieser Weg führte nicht mehr über Reformen, sondern über die Revolution. Nach Lenin sollten sich die kommunistischen Parteien im Westen mit den nationalistischen Bewegungen in Asien und Afrika im Kampf gegen den gemeinsamen Feind, das westliche imperialistische System, zusammenschließen. Danach war für das kapitalistische System die Kontrolle über die Kolonien lebenswichtig – nur wenn sich die kolonisierten Völker von der Fremdherrschaft befreiten, könne folglich auch im Westen die Revolution gelingen.

Im Laufe des Jahres 1920 nahm Nguyen Ai Quoc immer häufiger an Treffen der Sozialistischen Partei Frankreichs (SPF) und von Organisationen wie der Liga für Menschenrechte teil. Dabei wurde ihm bewusst, dass die meisten französischen Sozialisten in eurozentrischem Denken gefangen waren und den Kolonialismus als ein peripheres Problem ansahen. Eine Gruppe innerhalb der SPF, der sich auch Nguyen Ai Quoc anschloss, sprach sich jedoch für die Bildung einer radikalen sozialistischen Bewegung aus, die die bolschewistische Revolution in Russland unterstützen und Solidarität mit den unterdrückten Völkern in den Kolonien zeigen sollte.

Nguyen Ai Quoc wurde nach wie vor von der Sûreté beschattet und im September 1920 sogar auf das örtliche Polizeirevier bestellt. In dem Verhör versuchte er wie üblich, seine wahre Identität zu verschleiern, und versorgte die Polizei mit falschen Informationen. Er sei 1894 in Vinh, der Hauptstadt der Provinz Nghe An, geboren; alle seine sechs Geschwister seien bereits gestorben. Die französischen Behörden hatten jedoch in der Zwischenzeit in Vietnam Nguyen Ai Quocs Vater, Schwester und Bruder befragt und ließen sich von diesen gezielten Desinformationen nicht mehr beeindrucken.

1 Ho Chi Minh auf dem Kongress der Sozialistischen Partei Frankreichs in Tours, Dezember 1920.

Im Dezember 1920 nahm Nguyen Ai Quoc am Kongress der Sozialistischen Partei in Tours teil. Als einziger Asiate fiel Nguyen Ai Quoc unter den Hunderten französischen Teilnehmern auf. Ein bekanntes Foto zeigt den schmächtigen Nguyen Ai Quoc in einem schlecht sitzenden Anzug inmitten bärtiger französischer Delegierter. Die Polizei wurde schnell auf den Vietnamesen aufmerksam und versuchte ihn festzunehmen, wurde aber durch Kongressteilnehmer, die sich schützend vor Nguyen Ai Quoc stellten, daran gehindert. In seiner kurzen Rede vor dem Kongress klagte er zunächst den französischen Kolonialismus an, sein Vaterland auszubeuten und seine Landsleute rechtlos zu halten. Die Partei müsse aktiv werden und den unterdrückten Völkern zu Hilfe kommen. Auf den Zwischenruf des Sozialistenführers Jean Longuet, er habe bereits zugunsten der kolonialen Völker gesprochen, reagierte Nguyen Ai Quoc selbstbewusst mit der Bitte um Ruhe und forderte den Beitritt der SPF zur Dritten Internationale. Ein solcher Schritt würde deutlich machen, dass die Partei der kolonialen Frage ausreichende Aufmerksamkeit schenke. Seine Rede schloss er mit dem flammenden Appell: «Im Namen der ganzen Menschheit, im Namen aller Sozialisten, ob rechts oder links, wir rufen euch auf: Genossen, rettet uns!»[12] Die Mehrheit der Delegierten beschloss schließlich, sich der Dritten Internationale anzuschließen. Nguyen Ai Quoc unterstützte dieses Votum und wurde damit zum Gründungsmitglied der Kommunistischen Partei Frankreichs (KPF). «In Tours leistete Ho Chi Minh einer Kraft Gefolgschaft, die sein restliches Leben dominieren sollte. Die kommunistische Weltbewegung sollte seine Familie und sein Hauptarbeitgeber werden.»[13]

Zurück in Paris hatte Nguyen Ai Quoc zunächst mit gesundheitlichen und finanziellen Problemen zu kämpfen. Ab Mitte Januar 1921 lag er mehrere Wochen in einem Krankenhaus, wo ihm schließlich ein Abszess an der Schulter entfernt wurde. Nach seiner Genesung Anfang März 1921 trat er verstärkt als politischer Publizist in Erscheinung. In einem Artikel vom April kritisierte er, dass die kommunistischen Parteien wie die KPF in der Praxis in der kolonialen Frage inaktiv blieben, obwohl die Komintern dem Problem große Aufmerksamkeit schenke. «Indochina» sei zwar noch nicht reif für die Revolution, aber im Untergrund «rumore» es schon. «Der Sozialismus muss jetzt nur noch die Saat der Befreiung säen» – so die Forderung von Nguyen Ai Quoc.[14]

Ob der Marxismus in Asien allgemein und in Indochina speziell auf fruchtbaren Boden fallen würde, war Gegenstand eines längeren Beitrags vom Mai 1921. Im Gegensatz zur damals unter vielen Marxisten vorherrschenden Meinung, dass die Völker in den Kolonien rückständig seien und die Revolution zunächst in den weiterentwickelten Metropolen eingeleitet werden müsse, behauptete Nguyen Ai Quoc, dass die unterdrückten Völker Asiens durchaus eine aktive Rolle bei der Weltrevolution spielen und ihren Brüdern im Westen bei der Befreiung helfen könnten. In Südchina hatte Sun Yatsen bereits eine revolutionäre Regierung gebildet. Auch in Japan war bereits eine sozialistische Partei gegründet worden. Vor allem – so argumentierte Nguyen Ai Quoc weiter – sprachen eine Reihe historischer Gründe dafür, dass der Marxismus leichter in Asien als in Europa Wurzeln schlagen könne. Bereits im alten China habe es Vorstellungen einer egalitären Verteilung des Eigentums gegeben. So sei Land zu gleichen Teilen an Bauern vergeben und ein Teil des Landes als Gemeindeland genutzt worden. Dieses Gemeindelandsystem habe auch in Annam (= Vietnam) geherrscht. Außerdem habe der große Konfuzius bereits im 6. Jahrhundert v. Chr. gepredigt: «Der Weltfrieden kann nur in einer großen, einigen Welt erlangt werden. Man muss nicht die Armut fürchten, sondern die ungleiche Verteilung von Gütern.»[15]

Auf die Vereinbarkeit von Kommunismus und Konfuzianismus wurde später auch von vietnamesischen Intellektuellen hingewiesen. In seinem politischen Leben hat Ho Chi Minh wiederholt versucht, marxistische Vorstellungen im «konfuzianischen Gewand» zu präsentieren, und den wahren Revolutionär als eine Verkörperung konfuzianischer Werte dargestellt. Auch Ho Chi Minh selbst wurde von seinen Anhängern als ein «idealer Mensch» wahrgenommen, der die konfuzianischen Werte lebte.[16]

Die Spannungen in der Villa des Gobelins, die bereits seit Anfang des Jahres bestanden hatten, entluden sich am 11. Juli 1921 in einem heftigen Streit zwischen Nguyen Ai Quoc und einigen seiner Mitbewohner, die ihn wegen seiner radikalen Ansichten kritisierten. Am Morgen des folgenden Tages musste Nguyen Ai Quoc ausziehen und mietete schließlich mit Hilfe französischer Freunde eine spartanische Einzimmerwohnung in einem Arbeiterviertel im Nordwesten von Paris – immer unter der aufmerksamen Beobachtung durch die Sûreté. In einem Fotostudio in der Nähe fand er Arbeit als Retuscheur, das reichte, um seinen frugalen Lebensstil zu sichern. Trotz seiner schwierigen finanziellen Situation las er weiterhin Bücher in der Bibliothèque Nationale, nahm an politischen Versammlungen teil und genoss das künstlerische Leben in Paris.

Vor allem in der im Oktober 1921 gegründeten «Interkolonialen Union» fand er ein neues politisches Betätigungsfeld. Diese Organisation mit etwa zweihundert Mitgliedern vor allem aus Vietnam und Madagaskar hatte sich zum Ziel gesetzt, über politische und wirtschaftliche Probleme in den Kolonien zu forschen. Vor allem ging es der Organisation jedoch um den Kampf gegen die französische Kolonialherrschaft. Nguyen Ai Quoc wurde schnell zur dominierenden Figur in der Union. Ab April 1922 gab er als Chefredakteur die Zeitung *Le Pariah* heraus, die als Sprachrohr der von Frankreich kolonisierten Völker fungieren sollte. Die Zeitung hatte bald eine Auflage von 2000 Exemplaren. Nguyen Ai Quoc widmete seiner journalistischen Tätigkeit mehr und mehr Zeit. Nachdem er entgegen der Warnung seines Arbeitgebers an einer Demonstration zum Ersten Mai teilgenommen hatte, verlor er seine Anstellung als Foto-Retuscheur. Danach hielt er sich mit Gelegenheitsjobs über Wasser, war jedoch ab Mitte 1922 in erster Linie als Journalist für *Le Pariah* und andere, zumeist kommunistische Zeitungen tätig. In seinen Beiträgen schöpfte er vor allem aus seinen Erfahrungen, die er während seiner langen Schiffsreisen gemacht hatte, und prangerte das ausbeuterische französische Kolonialsystem an. Über das Leben in der Sowjetunion schrieb er idealisierende Artikel, obwohl er das Land noch nie besucht hatte. In seinen kurz gehaltenen Beiträgen benutzte Nguyen Ai Quoc einen sehr einfachen, fast hölzernen Schreibstil. Sein Ziel war es nicht, sich als in den marxistischen Theorien bewanderter, brillanter Intellektueller darzustellen, sondern auf möglichst direktem Wege «dem einfachen Mann» seine Botschaft zu vermitteln. Diesen Schreib- und Redestil praktizierte er bis an sein Lebensende.[17]

Von seinem früheren Mentor hatte sich Nguyen Ai Quoc mittlerweile politisch weit entfernt. Phan Chu Trinh räumte in einem Brief vom Februar 1922 ein, dass er ein «konservativer und rückwärtsgerichteter Gelehrter» sei – die politischen Meinungsverschiedenheiten mit Nguyen Ai Quoc seien aber auch altersbedingt: Er selbst sei ein «erschöpftes Pferd, das nicht mehr galoppieren könne», Nguyen Ai Quoc dagegen ein «feuriger Hengst». Die Energie, mit der er Artikel schreibe, um seine Landsleute zu ermutigen, sei allerdings weitgehend verschwendet, denn die Vietnamesen verstünden die französischsprachigen Beiträge nicht. Nguyen Ai Quoc solle besser nach Vietnam zurückkehren und dort auf *quoc ngu*, also Vietnamesisch, schreiben – so könne er größere Wirkung erzielen.[18]

Nguyen Ai Quoc schenkte Phan Chu Trinhs Ratschlägen wohl keine große Aufmerksamkeit, denn in den folgenden Monaten widmete er sich noch intensiver seiner politischen und journalistischen Tätigkeit in der KPF und in der exilvietnamesischen Gemeinde in Frankreich. Über seine Aktivitäten war die Sûreté nach wie vor gut im Bilde – zwei Agenten beschatteten ihn rund um die Uhr. Im Juni 1922 wurde Nguyen Ai Quoc sogar zu einem Gespräch mit dem französischen Kolonialminister Albert Sarraut einbestellt. Sarraut drohte und schmeichelte ihm gleichzeitig. Auf Sarrauts joviale Bemerkung, Nguyen Ai Quoc könne sich direkt an ihn wenden, wenn er etwas wolle, entgegnete dieser, das Einzige, was er wolle, sei Freiheit für seine Landsleute.[19]

Einige Tage später schrieb Nguyen Ai Quoc einen offenen Brief an den Kolonialminister. Darin bedankte er sich für die besondere «Zuwendung», die ihm seine «Diener» – gemeint waren die Sûreté-Agenten – schenkten. «Es ist überhaupt nicht patriotisch»[20] – so Nguyen Ai Quoc –, wenn er in Zeiten, in denen das Parlament einen rigiden Sparkurs fahre, solche kostspieligen Gunsterweise weiter in Anspruch nehme. Um der weiteren Verschwendung öffentlicher Gelder ein Ende zu bereiten, sandte Nguyen Ai Quoc Minister Sarraut eine detaillierte Aufstellung seines Tagesablaufs.[21]

Sarraut war wohl wenig erfreut über diesen ironischen Brief. Nun entwickelte er Ideen, auf welchem Wege sich die französischen Behörden des provokanten vietnamesischen Unruhestifters am elegantesten entledigen könnten. So schlug er dem Generalgouverneur von Indochina vor, Nguyen Ai Quoc zu verhaften und in seine Heimat abzuschieben; er ließ jedoch von diesem Plan ab, da eine Überwachung des Vietnamesen in Frankreich leichter erschien.

Nguyen Ai Quoc zeigte sich zunehmend enttäuscht über das anhaltende Desinteresse der französischen Kommunisten an der kolonialen Frage. Seiner Meinung nach hatten viele französische

Genossen immer noch sehr oberflächliche Vorstellungen von Indochina und sahen auf die Vietnamesen als minderwertige und passive Menschen herab. Viele seiner Landsleute würden wiederum in jedem Franzosen einen Kolonialisten sehen.[22]

Im März 1923 zog Nguyen Ai Quoc aus seiner eigenen kleinen Wohnung in die Redaktionsräume von *Le Pariah*. Zusammen mit linken Intellektuellen schmiedete er neue Pläne wie die Herausgabe einer Zeitung mit dem Titel *Viet Nam Hon* («Die Seele Vietnams»). Zur Überraschung seiner Freunde und der Sûreté-Agenten verschwand Nguyen Ai Quoc jedoch am 13. Juni 1923 plötzlich aus Paris und tauchte erst Monate später in Moskau wieder auf.

Die Hintergründe für diese Reise sind unklar. Nach der üblichen Darstellung war Nguyen Ai Quoc im Oktober 1922 auf einem Parteitag der KPF von Dimitry Manuilsky, einem hochrangigen Mitarbeiter der Komintern, als vielversprechender neuer Komintern-Kader erkannt und einige Monate später zum 5. Komintern-Kongress nach Moskau eingeladen worden. Gegen diese Version spricht allerdings, dass Nguyen Ai Quocs erste Monate in der Sowjetunion alles andere als reibungslos und gut vorbereitet verliefen. Es ist ebenso gut möglich, dass er selbst über die Interkoloniale Union den Kontakt zur Komintern hergestellt und die Reise nach Moskau initiiert hatte.[23] Auf jeden Fall organisierte Nguyen Ai Quoc seine Abreise konspirativ: Einige Tage zuvor verbreitete er die Nachricht, dass er bald zu einem Urlaub in Südfrankreich aufbrechen wolle. Wie ein Mitarbeiter der Sûreté pflichtschuldig berichtete, verließ Nguyen Ai Quoc am 13. Juni 1923 seine Wohnung ohne Gepäck – um seinen Bewachern dann durch den Hinterausgang eines Kinos zu entwischen. Von dort eilte er zum Gare du Nord, wo ihn ein Freund mit seinem Gepäck erwartete. Dort bestieg er in der Verkleidung eines reichen asiatischen Geschäftsmannes den Zug nach Berlin, wo er am 18. Juni eintraf. Mit Hilfe deutscher Kommunisten gelangte er dann nach Hamburg, wo er als chinesischer Kaufmann Chen Vang ein Schiff Richtung Sowjetunion bestieg. Schließlich kam er am 30. Juni 1923 in Petrograd an.[24]

3 In der Hauptstadt der Weltrevolution Lehrjahre in Moskau (1923–1924)

Bei seiner Einreise in Petrograd (dem späteren Leningrad) konnte Nguyen Ai Quoc nur ein auf den Namen eines chinesischen Kaufmanns ausgestelltes Visum vorweisen und erregte so das Misstrauen eines Zollbeamten. Erst als ein Mitglied der Kommunistischen Partei Frankreichs in Moskau seine tatsächliche Identität bestätigte, durfte er Ende Juli 1923 weiterreisen.

Der offizielle Grund für Nguyen Ai Quocs Reise in die Sowjetunion war die Einladung zur ersten Internationalen Bauernkonferenz, die im Oktober 1923 in Moskau stattfinden sollte. Kurz nach seiner Ankunft nutzte Nguyen Ai Quoc jedoch zunächst die Gelegenheit, in einem Brief an die KPF seine Kritik an dem mangelnden Interesse der Partei an kolonialen Fragen zu erneuern. Auf Weisung der Komintern habe die KPF zwar eine «Kommission zum Studium der kolonialen Frage» gegründet und eine eigene Rubrik zu diesem Thema in der *Humanité* eingerichtet, doch schon seit einiger Zeit sei die Rubrik wieder abgeschafft und der Kommission damit ihr Publikationsforum entzogen worden.[1] Außerdem verfasste er für die Komintern einen kurzen Bericht über die Situation in Indochina.[2] Darin wies er darauf hin, dass das Proletariat in Indochina lediglich zwei Prozent der Gesamtbevölkerung ausmache. Allerdings stehe mit den Bauern, die von den Franzosen ausgebeutet würden, eine Gruppe mit patriotischem Potential zur Verfügung. Man müsse aber auch patriotische Intellektuelle mobilisieren.

Die Organisation der ersten Internationalen Bauernkonferenz und die Gründung der «Krestintern» (Bauerninternationale) im Anschluss spiegelte eine Neueinschätzung der Rolle der Bauernschaft durch die Komintern wider. Während die Bauern zuvor unter dem Verdacht standen, «bürgerliche Eigentumsvorstellungen» zu hegen, galten sie jetzt als mögliche Verbündete der Arbeiterschaft im Kampf gegen den Kapitalismus. In seiner Rede auf der Bauernkonferenz nahm Nguyen Ai Quoc jedoch noch nicht zur Diskussion über die Rolle der Bauern in der Revolution Stellung, sondern beschränkte sich darauf, die Ausbeutung der Bauern in Vietnam zu schildern. Er schloss seine Rede mit der These, dass die Komintern erst dann eine wahrhaft internationale Organisation sei, wenn in ihr auch asiatische Bauern vertreten seien.[3]

Nguyen Ai Quocs Traum, Lenin persönlich kennenzulernen, erfüllte sich nicht – nach mehreren Schlaganfällen starb Lenin im Januar 1924. Um Lenin wenigstens die letzte Ehre zu erweisen, nahm Nguyen Ai Quoc bei eisiger Kälte an den Begräbnisfeierlichkeiten teil.

Eigentlich war Nguyen Ai Quoc davon ausgegangen, dass er nur drei Monate in der sowjetischen Hauptstadt bleiben und die Komintern ihm bald helfen würde, über China nach Vietnam zurückzukehren. Nachdem er bereits neun Monate – z.T. in Untätigkeit – in Moskau verbracht hatte, wandte er sich deshalb im März 1924 ungehalten an die Komintern und verlangte, dass er endlich, mit einem entsprechenden Budget ausgestattet, in offizieller Mission nach China geschickt würde.[4] Konkrete Vorbereitungen für seine Reise wurden jedoch erst nach dem 5. Komintern-Kongress im Juni 1924 eingeleitet – wohl aus dem einfachen Grund, weil die Komintern-Führung mit anderen Dingen als Indochina beschäftigt war.

In den Monaten vor dem Komintern-Kongress verschärften sich die Fraktionskämpfe in der Führung der KPdSU. Trotzki wurde mehr und mehr isoliert. Eine Reihe französischer Kommunisten, mit denen Nguyen Ai Quoc in Paris in engem Kontakt gestanden hatte, gerieten später wegen ihrer «protrotzkistischen» Äußerungen in Bedrängnis. Offenbar hatte aber Nguyen Ai Quoc, der als «Novize» in der Komintern schon bald viele Persönlichkeiten der kommunistischen Weltbewegung kennengelernt hatte, seine Lektion bereits gelernt. Er hielt sich aus den theoretischen Debatten heraus und erlangte innerhalb kurzer Zeit eine Reputation als «Mann der Tat».[5] Er konzentrierte seine Bemühungen jetzt darauf, die Komintern zu mehr Engagement in der kolonialen Frage zu bewegen. Nachdem zwei seiner Briefe an Grigori Sinowjew, den Generalsekretär der Komintern, unbeantwortet blieben, wandte sich Nguyen Ai Quoc im Mai 1924 in einem Brief an Fjodor Petrow, den Leiter des «Ostbüros» der Komintern.[6] Darin beklagte er sich über die «Isolation der Völker des Ostens voneinander», die zu einem Mangel an gegenseitigem Vertrauen und unzureichender Koordination der Tätigkeiten führe. Als Gegenmaßnahme schlug Nguyen Ai Quoc die Gründung einer «Vereinigung der asiatischen Kommunisten» vor. Als Keimzelle solle die «Universität der Arbeiter des Ostens» dienen, an der bereits viele Kommunisten aus Asien studierten. Diese Ideen wurden jedoch erst ab 1925 nach und nach in die Tat umgesetzt. Die Zuständigkeiten innerhalb der Komintern für «Indochina» blieben noch lange Zeit ungeklärt. Zudem schrieben sich die ersten Studenten aus Vietnam erst Mitte 1925 an der Universität der Arbeiter des Ostens ein. Für die Entwicklung des Kommunismus in Vietnam hatte die kommunistische Bewegung in China in den zwanziger Jahren eine größere Bedeutung als die Komintern.[7]

Nguyen Ai Quoc erhielt im Mai 1924 einen Ausweis als «außerordentlicher Mitarbeiter» in der Komintern. Seine Aufgabe bestand darin, Artikel und Berichte über die Situation in Indochina zu schreiben. In dieser Zeit stellte er auch eine längere Kampfschrift gegen die koloniale Ausbeutung in Indochina und anderen Ländern fertig, die 1926 in Paris unter dem Titel *Le Procès de la colonisation française* veröffentlicht wurde. Für dieses Buch griff Nguyen Ai Quoc auf Artikel zurück, die er in seiner Zeit in Paris verfasst hatte.[8]

Im Juni 1924 begann in Moskau der 5. Komintern-Kongress, an dem rund fünfhundert Delegierte aus fast fünfzig Ländern teilnahmen. Nguyen Ai Quoc nutzte den Kongress als Forum, um ein weiteres Mal zu mehr Interesse für die koloniale Frage aufzurufen. Dabei scheute er nicht davor zurück, die versammelten Größen der kommunistischen Weltbewegung für ihre Untätigkeit im Kampf gegen den Kolonialismus zu tadeln. Bereits in der Eröffnungssit-

2 Ho Chi Minh (vorne) zusammen mit Delegierten des 5. Komintern-Kongresses, Moskau 1924.

zung unterbrach er den Delegierten, der den Entwurf einer Resolution verlas, und fragte, ob der Kongress einen speziellen Aufruf an die Völker in den Kolonien verabschieden wolle.[9]

Am 23. Juni 1924 wandte er sich mit einem längeren Redebeitrag an die Anwesenden und ging gleich in medias res: «Ich bin hier, um die Kommunistische Internationale unaufhörlich auf die Existenz der Kolonien aufmerksam zu machen.» Das Schicksal des Proletariats der Welt und vor allem in den Ländern, die Kolonien besetzt hielten, sei eng mit dem Schicksal der unterdrückten Völker in den Kolonien verknüpft. Die meisten Genossen vor allem in den kommunistischen Parteien Großbritanniens und Frankreichs hätten diesen Zusammenhang jedoch noch nicht verstanden und unterschätzten die Bedeutung der kolonialen Frage.[10]

Eine Woche später, am 1. Juli, verschärfte er in einer zweiten Rede seine Kritik sogar noch. Nachdem er die Bedeutung der Kolonien mit Statistiken erläutert hatte, warf er den kommunistischen

Parteien mit Verweis auf Lenins Thesen zur kolonialen Frage vor, völlig untätig zu sein, anstatt die Arbeiterklasse in ihren Ländern zur Solidarität mit den unterdrückten Massen in den Kolonien aufzurufen. Auch die kommunistischen Zeitungen würden überhaupt nichts tun, um ihre Leserschaft über die koloniale Frage aufzuklären. Als Gegenmaßnahmen schlug Nguyen Ai Quoc vor, in der Zeitung *L'Humanité* eine spezielle Rubrik zur kolonialen Frage einzurichten, die Propaganda und die Rekrutierung von Kadern unter den kolonisierten Völkern zu verstärken, mehr Studenten aus den Kolonien in die Universität der Arbeiter des Ostens in Moskau aufzunehmen und die Mitglieder der kommunistischen Parteien dazu zu verpflichten, den Problemen der Kolonien größere Aufmerksamkeit zu schenken.[11]

Auf der Sitzung vom 3. Juli ging es um die Landfrage, und Nguyen Ai Quoc widmete sich in seinem letzten Beitrag der Ausbeutung der Bauern in Indochina und anderen französischen Kolonien. Die Bauern in den Kolonien – so sein Fazit – seien passiv, weil es ihnen an Organisation und Führung mangele. Es sei die Pflicht der Komintern, die Bauern zu führen und ihnen einen Weg zur Revolution und zur Befreiung zu weisen.[12]

Am Ende konnte sich der Kongress jedoch nicht dazu durchringen, einen Appell zur kolonialen Frage in die Schlussresolution aufzunehmen. Im Hintergrund wurde der Kongress durch den eskalierenden Machtkampf zwischen Trotzki und dem Triumvirat um Stalin, Kamenew und Sinowjew bestimmt. Gleichwohl rückte die koloniale Frage auch durch die Interventionen des jungen Nguyen Ai Quoc stärker ins Bewusstsein der Komintern. Es überhöht jedoch dessen Bedeutung, wenn Ho Chi Minhs Biograph William Duiker formuliert: «Nguyen Ai Quocs Teilnahme am 5. Komintern-Kongress symbolisierte das Ende seiner Lehrzeit als Revolutionär und den Beginn seines Hervortretens als asiatischer Führer von internationalem Format. Er war jetzt anerkanntes Sprachrohr für die östliche Frage und ... für die Probleme der Bauern.»[13] Zwar markierte der Kongress Nguyen Ai Quocs «Debüt auf der Komintern-Bühne»,[14] doch erlangte er als Komintern-Novize, der keine asiatische kommunistische Partei vertrat, nicht einen vergleichbaren Status wie etwa der Bengale Roy, der innerhalb der Komintern für die koloniale Frage zuständig war.

Der unverändert niedrige Status von Nguyen Ai Quoc innerhalb der Komintern-Hierarchie kam auch in seiner wenig komfortablen Unterbringung im Hotel Lux, dem offiziellen Gästehaus der Organisation, zum Ausdruck. In einem Brief an Petrow, den Leiter der Östlichen Sektion in der Komintern, beklagte er sich darüber, dass er von Ende 1923 bis Februar 1924 ein Zimmer mit vier, fünf anderen Gästen teilen musste. «Tagsüber ist es so laut, dass ich nicht richtig arbeiten kann, nachts werde ich von Bettwanzen zerfressen und kann nicht richtig schlafen» – so Nguyen Ai Quoc weiter. Auf seinen Protest hin wurde ihm ein kleines, spärlich möbliertes Einzelzimmer zugewiesen, das jedoch nicht mit den anderen, sehr viel größeren und komfortableren Zimmern zu vergleichen und deshalb völlig überteuert war.[15]

Auch die Umstände, unter denen Nguyen Ai Quoc auf sein Drängen hin von der Komintern endlich nach China geschickt wurde, deuten nicht darauf hin, dass er während seines Moskau-Aufenthaltes einen politischen Durchbruch erzielt hatte und nunmehr die volle Rückendeckung der Komintern genießen konnte. In einem Brief an die Komintern vom September 1924 machte Nguyen Ai Quoc seinem Unmut über das Prozedere bezüglich seiner endlich genehmigten Abreise Luft. Das Ostkomitee hatte ihn an die nationalchinesische Kuomintang-Regierung in Kanton verwiesen, da die Komintern lediglich für seine Reisekosten aufkam und er nur als Privatperson, nicht aber als offizieller Mitarbeiter der Komintern in China tätig sein würde. Er hatte diese Bedingungen akzeptiert, weil er das Warten leid war, das Ostbüro aber gebeten, ein Empfehlungsschreiben an die Kuomintang zu senden. Wegen der Bürgerkriegswirren in China hatte die Komintern aber noch keine Antwort erhalten. Und wieder hatte sich seine Abreise verzögert. Das Hauptproblem war die mangelnde finanzielle Unterstützung durch die Komintern, dies ließe sich aber – so Nguyen Ai Quoc am

Ende seines Briefes – leicht lösen, wenn er in China genau das Geld erhalten würde, das er in Moskau für sein Warten und Nichtstun bekommen hatte.[16]

In einem Brief an Albert Treint, einen französischen Kommunisten, der hohe Positionen innerhalb der Komintern bekleidete, beklagte sich Nguyen Ai Quoc noch einmal über die Bedingungen, unter denen er nach Kanton geschickt werden sollte – in eine Stadt, deren Sprache er nicht sprach, die von französischen Agenten wimmelte und in der er seine ganze Zeit dafür verwenden musste, seinen Lebensunterhalt zu verdienen.[17]

Im Oktober 1924 trat er endlich die lang erhoffte Reise nach China an, er verließ Moskau per Bahn. Wie bereits bei seiner Abreise aus Paris 1923 hatte er wieder gezielt Fehlinformationen gestreut, um die Sûreté auf eine falsche Fährte zu führen. Nach einer dreiwöchigen Fahrt mit der Transsibirischen Eisenbahn gelangte er nach Wladiwostok, wo er ein Schiff nach China bestieg. Im November 1924 kam Nguyen Ai Quoc in Kanton an.

4 Als Komintern-Agent in Kanton Kader für die vietnamesische Revolution (1924–1927)

Seitdem Nguyen Ai Quoc 1911 seine Odyssee begonnen hatte, die ihn über viele Zwischenstationen nach Paris und schließlich nach Moskau, die Hauptstadt des Weltkommunismus, führte, hatten sich in Asien fundamentale Veränderungen vollzogen.

Im Oktober 1911, wenige Monate nachdem Nguyen Ai Quoc in Saigon auf einem französischen Schiff angeheuert hatte, wurde in China die Qing-Dynastie gestürzt. Im Dezember des gleichen Jahres wurde Sun Yatsen zum Präsidenten einer Übergangsregierung gewählt und rief am 1. Januar 1912 die Republik China aus. Sun Yatsen geriet jedoch schnell in Konflikt mit General Yuan Shikai, dem Oberbefehlshaber der Manchu-Truppen, der eigene politische Ambitionen verfolgte. Nach dessen Tod 1916 zerfiel das Reich, lokale Warlords übernahmen die Herrschaft in den Regionen. Im Mai 1919 kam es in Peking und anderen großen Städten zu Studentendemonstrationen, die eine Radikalisierung der politischen Diskussion in China einleiteten. Sun Yatsen, der 1917 aus dem kurzzeitigen Asyl in Japan zurückgekehrt war, wurde 1921 in Kanton zum Präsidenten einer neuen Nationalregierung gewählt, musste aber weiter mit den Warlords konkurrieren. Um seine Machtbasis auszubauen und die Republik zu vereinen, schloss er im Januar 1923 ein Bündnis mit der neuen bolschewistischen Regierung in Moskau und der im Mai 1921 gegründeten Kommunistischen Partei Chinas (KPC).

Im Rahmen dieses Abkommens schickte die Sowjetunion im Herbst 1923 eine Gruppe von Spezialisten nach Kanton, die die Nationalregierung beraten und die Kuomintang, die politische Organisation Sun Yatsens, nach dem Vorbild der bolschewistischen Partei reorganisieren sollte. Ein Schwerpunkt der Tätigkeit der sowjetischen Mission unter Leitung von Michail Borodin lag in der

Ausbildung von Offizieren an der Militärakademie Whampoa in der Nähe von Kanton. Im Oktober 1924 hatten sich allerdings die sozialen Spannungen auf dem Lande und in den Städten so weit verschärft, dass Chiang Kaishek, der Leiter der Militärakademie Whampoa und spätere Nachfolger von Sun Yatsen, sich immer mehr von seinen kommunistischen Bundesgenossen distanzierte.

Bei der Ankunft Nguyen Ai Quocs war die politische Atmosphäre in Kanton noch aus anderen Gründen aufgeladen. Die südchinesischen Provinzen Guangdong, Guangxi und Yunnan wurden bereits seit Anfang des 20. Jahrhunderts von vietnamesischen Nationalisten als Rückzugsgebiet genutzt. Der vietnamesische Nationalismus befand sich Mitte der zwanziger Jahre in einer Umbruchphase. Nach der Verurteilung und anschließenden Verbannung Phan Chu Trinhs ins französische Exil und der Umsiedlung Phan Boi Chaus nach China im Jahre 1912 konnten die zwei führenden Köpfe der nationalistischen Bewegung nur noch aus der Ferne wirken. Zudem waren sie beide Protagonisten einer nationalistischen Reformbewegung, die nicht die Forderungen einer neuen Gruppe französisch gebildeter Intellektueller nach einem völligen Bruch mit der «konfuzianischen Vergangenheit und kolonialen Gegenwart»[1] erfüllen konnte. Und schließlich lieferten sie mit ihren elitären Konzeptionen keine Lösung für die drängenden sozialen Probleme der Bauern, etwa die hohe Belastung durch die französischen Steuern.

Bereits Monate bevor Nguyen Ai Quoc in China eintraf, hatten jüngere vietnamesische Nationalisten um die beiden Brüder Le Hong Phong und Le Hong Son sowie um Ho Tung Mau, Le Quang Dat und andere, die nach Südchina geflohen waren, eine neue Organisation namens *Tam Tam Xa* («Gesellschaft der gleichschlagenden Herzen») gegründet, die mit Propaganda und terroristischen Aktionen eine Volkserhebung gegen die französische Kolonialherrschaft in Vietnam entfachen sollte.

Im Juni 1924 verübte Pham Hong Thai, ein Mitglied der *Tam-Tam-Xa*-Gruppe, ein Bombenattentat auf Martial Merlin, den Generalgouverneur von Indochina, der sich zu einem Bankett mit französischen Geschäftsleuten in Kanton aufhielt. Das Attentat schlug zwar fehl, Merlin überlebte, fünf andere Franzosen starben, der Attentäter selbst ertrank auf der Flucht im Perlfluss – doch dies war der erste Versuch asiatischer Revolutionäre, einen hochrangigen Repräsentanten einer europäischen Kolonialmacht umzubringen. Während die koloniale Presse hinter dem Attentat die Sowjetunion vermutete, feierte die Regierung Sun Yatsen Pham Hong Thai als Märtyrer im Kampf gegen den Imperialismus und errichtete für ihn ein Grab auf dem Friedhof der Helden der chinesischen Revolution.

In dieser brodelnden Atmosphäre bezog Nguyen Ai Quoc unter dem chinesischen Namen «Ly Thuy» Quartier in der Villa von Borodin und nahm seine offizielle Tätigkeit für die sowjetische Nachrichtenagentur ROSTA auf, deren Büro sich im selben Haus befand. Außerdem schrieb er als Vertreter der Krestintern, der Bauerninternationale, Artikel über die Lage der Bauern in China und nahm an Aktivitäten der KPC teil. Sein Hauptziel in Kanton war jedoch, den Kern einer neuen revolutionären Organisation zu bilden, aus der heraus später eine eigene vietnamesische kommunistische Partei entstehen sollte.

In der *Tam-Tam-Xa*-Organisation, die zwar durch das Attentat auf den französischen Generalgouverneur Aufsehen erregt hatte, deren radikalem Aktivismus es allerdings an einem ideologischen Überbau mangelte, fand Nguyen Ai Quoc ein geeignetes Rekrutierungsfeld. Zwischen Ende 1924 und Juni 1925 gelang es ihm so, «eine Kerngruppe von jungen Emigranten für eine protokommunistische Gruppe»[2] zu rekrutieren.

Bereits im Dezember 1924 berichtete Nguyen Ai Quoc in einem Brief an die Komintern, dass er einige «nationalistische, revolutionäre Annamiten» getroffen habe. Unter diesen wollte er nun fünf zukünftige Kader auswählen, diese vor allem in Organisationstechniken unterrichten und nach drei Monaten nach Vietnam zurückschicken. Danach sollte ein neuer Kurs für weitere Studenten beginnen. Ein Problem war Nguyen Ai Quoc zufolge jedoch die

Finanzierung der Kurse. Der Betrag, den er von der Komintern erhalten hatte, und das Geld, das er bei der Nachrichtenagentur ROSTA verdiente, würden nicht lange ausreichen.[3]

Schon im Januar 1925 konnte Nguyen Ai Quoc nach Moskau melden, dass die «Komintang» (sic!) Indochinas mit drei Mitgliedern gegründet war, er aber dringend Geldmittel von der Komintern benötige.[4] Im Februar 1925 hatte die «geheime Gruppe», wie er die Organisation jetzt bezeichnete, schon neun Mitglieder.[5] Die Sûreté, die lange Zeit über den Verbleib von Nguyen Ai Quoc im Ungewissen gewesen war, hatte mittlerweile die Identität des mysteriösen «Ly Thuy» in Kanton gelüftet und war über den Spitzel Lam Duc Thu, ein früheres *Tam-Tam-Xa*-Mitglied, bestens über die Tätigkeit Nguyen Ai Quocs informiert. Anfang März 1925 hatte sich die finanzielle Situation der Gruppe durch Spenden einiger Mitglieder etwas entspannt.

Im Sommer 1925 machte Nguyen Ai Quoc weitere organisatorische Fortschritte: Am 21. Juni brachte er die erste Nummer der Zeitung *Thanh Nien* («Jugend») heraus, die bis 1930 erscheinen sollte. Im selben Monat gründete er die «Liga der Unterdrückten Völker», eine Gruppe vietnamesischer, koreanischer, indischer und chinesischer antikolonialer Aktivisten, die er auch zur Rekrutierung und Ausbildung antifranzösisch eingestellter Vietnamesen nutzte. Der Juni 1925 gilt gemeinhin auch als Gründungsdatum der *Viet Nam Thanh Nien Cach Mang Hoi* («Vereinigung der Revolutionären Jugend Vietnams»), doch als formelle Partei mit einem Programm existierte die *Thanh Nien* wohl erst ab Anfang 1927.[6]

Im Juli 1925 wurde Phan Boi Chau, der alte renommierte Nationalist, in Shanghai von der französischen Sûreté festgenommen, nach Vietnam verschifft und im November in Hanoi zu lebenslanger Zwangsarbeit verurteilt. Dieses Urteil wurde später vom neuen Generalgouverneur in Indochina in lebenslangen Hausarrest umgewandelt. Von einigen nichtkommunistischen nationalistischen Vietnamesen wird seit längerem die Version verbreitet, dass Nguyen Ai Quoc selbst den französischen Geheimdienst über Phan Boi Chaus Reisepläne informiert habe, um sich eines unliebsamen Konkurrenten zu entledigen. Die vorliegenden Quellen sprechen jedoch dafür, dass der Sûreté-Spitzel Lam Duc Thu die entscheidenden Informationen weitergegeben hat. Es deutet auch nichts darauf hin, dass zwischen Nguyen Ai Quoc und Phan Boi Chau ein Konkurrenzverhältnis bestand. Zudem stammten Nguyen Ai Quocs Vater und Phan Boi Chau aus dem gleichen Distrikt in der zentralvietnamesischen Provinz Nghe An und waren befreundet. Außerdem waren Nguyen Ai Quocs ältere Schwester und sein Bruder wegen der Unterstützung von Phan Boi Chau von den Franzosen verurteilt worden.[7]

In der zweiten Jahreshälfte 1925 und 1926 ging die Rekrutierung und Ausbildung der revolutionären Kader, die die Kerntruppe für eine kommunistische Partei bilden sollten, aufgrund von Spannungen mit der Nationalregierung in Kanton, vor allem wegen anhaltender finanzieller Probleme, nur schleppend voran.[8] Die neuen Studenten stammten überwiegend aus Nguyen Ai Quocs Heimatprovinz Nghe An und aus angrenzenden Provinzen in Zentralvietnam, so dass die *Thanh-Nien*-Organisation fast wie eine «regionale Vereinigung»[9] erscheinen musste.

Die Kurse fanden in einem mehrstöckigen Gebäude in Kanton in der Nähe des Hauptquartiers der KPC statt, in dem auch Nguyen Ai Quoc ein kleines Zimmer bezog. Er trat als Lehrer unter dem Pseudonym «Vuong» auf, außerdem unterrichteten Mitarbeiter der Borodin-Mission sowie Mitglieder der örtlichen Parteigruppe der KPC wie Liu Shaoqi und Zhou Enlai, die später führende Positionen in China einnehmen sollten. Nachdem sie den Kurs durchlaufen hatten, gingen die frischgebackenen Kader auf den Friedhof, auf dem der Merlin-Attentäter Pham Hong Thai begraben war, und legten an seinem Grab den Schwur ab, ihr Leben für ihr Vaterland zu opfern. Die meisten kehrten anschließend nach Vietnam zurück, einige wenige gingen nach Moskau, wo sie an der Stalin-Schule weiterstudierten.

Als Unterrichtsmaterial dienten Texte, die Nguyen Ai Quoc während seines Aufenthaltes in Moskau gesammelt hatte. Zum Teil wurden sie in einer Sammlung unter dem Titel *Duong Kach Menh* («Der Weg zur Revolution») veröffentlicht, die für die Studenten zu einer Art Bibel wurde und die sie auswendig lernten.[10] Mit diesem Buch wollte Nguyen Ai Quoc in erster Linie die Grundlagen des Marxismus-Leninismus in leicht verständlicher Sprache und stark vereinfachter Form vermitteln und hatte deshalb nicht den Ehrgeiz, einen eigenständigen Beitrag zur Theoriediskussion vorzulegen. Deshalb durfte «Der Weg zur Revolution» wohl erst nach seinem Tod in Vietnam veröffentlicht werden. In seinem Lehrbuch vertrat Nguyen Ai Quoc das zweistufige Revolutionsmodell von Lenin, wonach in einer ersten Stufe die nationale und dann die sozialistische Revolution erfolgen solle. Allerdings räumte er der Frage der nationalen Unabhängigkeit größere Bedeutung als Lenin ein und beschrieb die Bauern neben den Arbeitern als führende revolutionäre Kräfte. Dies brachte ihm später den Vorwurf ein, einen «Bauernkommunismus» verbreitet zu haben. Zudem erinnerte Nguyen Ai Quocs Beschreibung eines idealen Revolutionärs zum Teil an den «Katechismus eines Revolutionärs» von Sergei Netschajew, zum Teil aber auch an das Bild eines traditionellen konfuzianischen Gelehrten. Denn neben Mut, Opferbereitschaft und Unterordnung unter das Kollektiv forderte Nguyen Ai Quoc von einem Revolutionär auch Sparsamkeit, Vorsicht, Bescheidenheit, Bereitschaft zur Selbstkritik, Großzügigkeit gegenüber anderen, Fleiß und Lerneifer – alles typische konfuzianische Moralnormen.

Dass Nguyen Ai Quoc den idealen Revolutionär auch im konfuzianischen Gewand darstellte, um auf diesem Wege seine Adressaten besser zu erreichen, ist offensichtlich. Seine Schüler stammten zumeist aus alten Gelehrtenfamilien und hatten sich von veralteten konfuzianischen Moralvorstellungen losgesagt, doch waren sie nach wie vor vom Konfuzianismus beeinflusst. Dennoch war der «konfuzianische Anstrich» von Nguyen Ai Quocs Lehrbuch mehr als reine Taktik. Gerade der spätere Ho Chi Minh verkörperte mit seiner Bescheidenheit und Güte die typischen konfuzianischen Eigenschaften, die er immer wieder von den Kadern, den «neuen Mandarinen» des unabhängigen, modernen Vietnam, einforderte.[11]

Im März 1926, nach dem Tod des Nationalisten Phan Chu Trinh, und Ende des Jahres, nach dem Gerichtsurteil gegen Phan Boi Chau, kam es in ganz Vietnam zu Massenprotesten gegen die französische Kolonialmacht. In der Folge wurden viele Schüler und Studenten von ihren Institutionen verwiesen. Nun breitete sich unter den Mitgliedern der *Thanh Nien* und anderen Exilvietnamesen die Hoffnung aus, dass «Ly Thuy», mittlerweile unumstrittener Führer der nationalistischen Vietnamesen in Südchina, bald das Signal zu einem allgemeinen Aufstand gegen die Franzosen in Indochina geben würde. Die französischen Sicherheitsdienste erhielten 1926 vermehrt Informationen, dass ein Zweig der KPC in Cochinchina aktiv sei und eine Revolte gegen die Kolonialmacht plane. Nach verschiedenen Quellen sprach Nguyen Ai Quoc sich allerdings gegen verfrühte militärische Aktionen aus.

Trotz seiner vielfältigen Aktivitäten als Journalist, Übersetzer, Komintern-Agent und Lehrer schien nach den langen «Wanderjahren» eine gewisse Ruhe in das Leben von Nguyen Ai Quoc einzukehren, so dass er mit 36 Jahren den Entschluss fasste, eine eigene Familie zu gründen. Er bat deshalb seinen engen Kollegen Lam Duc Thu, ihm eine Frau vorzustellen, und lernte so die 21-jährige Chinesin Tang Tuyet Minh, Tochter eines reichen kantonesischen Geschäftsmannes, kennen. Obwohl sich deren Mutter gegen eine Heirat ihrer Tochter mit einem unsteten Berufsrevolutionär ausgesprochen hatte und auch einige seiner Kollegen Nguyen Ai Quoc von einer Verbindung mit der vergleichsweise ungebildeten Frau abrieten, heirateten die beiden am 18. Oktober 1926 in Kanton. Die Nachricht von dieser Verbindung wurde vom Sûreté-Spitzel Lam Duc Thu sofort weitergemeldet und ist deshalb gut dokumentiert.[12] Der Ehe war allerdings nur ein kurzes Glück beschieden. Bereits einige Monate nach der Hochzeit bestätigten sich die Befürchtungen der Schwiegermutter.

Nach dem Tod Sun Yatsens im März 1925 hatten sich die Spannungen zwischen den Nationalchinesen unter Führung von Chiang Kaishek immer mehr verschärft. Am 12. April 1927 massakrierten in Shanghai Kuomintang-Soldaten auf Befehl Chiang Kaisheks Tausende von Anhängern der Kommunisten. Die Allianz war damit aufgelöst, die KPC musste in den Untergrund gehen. Am 14. April wurden auch in der Provinz Guandong Tausende von Mitgliedern der Kommunistischen Partei und der Gewerkschaften verhaftet und exekutiert – darunter auch eine Reihe von Vietnamesen, die mit der *Thanh Nien* in Verbindung gebracht wurden. Nguyen Ai Quoc war jedoch rechtzeitig geflohen, Richtung Norden oder ins sowjetische Konsulat. Bis Ende 1927 kursierten in Kanton verschiedene Gerüchte über seinen Verbleib. Auch die junge Ehefrau wusste nichts über den Aufenthaltsort ihres Mannes – tatsächlich sollte sie ihn nie wiedersehen.

Anfang Mai verließ Nguyen Ai Quoc Kanton und floh Richtung Shanghai. Von dort reiste er per Schiff nach Wladiwostok und kam im Juni 1927 in Moskau an.[13]

Das Fazit seiner rund zweieinhalbjährigen Tätigkeit in Kanton war insgesamt positiv: Nach eigenen Angaben hatten 75 Jugendliche seine «Propagandaschule» durchlaufen.[14] Damit war die Basis für eine zukünftige kommunistische Partei in Indochina gelegt. Auf der anderen Seite war nach der Zerschlagung der Komintern-Struktur in Kanton in Folge des «Shanghai-Massakers» eine weitere Tätigkeit in Südchina nicht mehr möglich.

5 Von Moskau nach Paris und zurück nach Asien Die Gründung der Kommunistischen Partei Vietnams (1927–1930)

In Moskau hatte Nguyen Ai Quoc kurz Kontakt mit einer Gruppe von fünf Vietnamesen, die an der Universität der Werktätigen des Ostens studierten und eine eigene Parteizelle gebildet hatten. In einem Brief bat er das Parteikomitee der Universität, die politische Ausbildung dieser Vietnamesen zu übernehmen.[1]

Seine politischen Pläne erläuterte er in einem Bericht an die Komintern.[2] Auf dem Weg nach Moskau hatte er in Wladiwostok den Komintern-Mitarbeiter Wojtinski getroffen, der ihm vorgeschlagen hatte, er solle nach Shanghai zurückkehren und unter den dortigen Vietnamesen neue Anhänger rekrutieren. Nguyen Ai Quoc schlug stattdessen aber Siam als neues Betätigungsfeld vor. Von hier und nicht von China aus, wo nach dem Zerbrechen der Allianz zwischen Kuomintang und KPC kommunistischen Kadern ständig die Verhaftung drohte, wolle er versuchen, den Aufbau einer revolutionären Bewegung in Indochina voranzutreiben. Für seine Tätigkeit in Siam veranschlagte er zwei Jahre und stellte dazu gleich einen Kostenplan auf.

Doch die Komintern hatte zunächst andere Pläne mit Nguyen Ai Quoc, und er musste sich ihren Direktiven fügen. Nachdem er den Sommer 1927 in einem Krankenhaus auf der Krim – wohl zur Behandlung einer Tuberkulose – verbracht hatte, wurde er im November statt nach Siam nach Paris geschickt. Dort sollte er der französischen KP helfen, ein Aktionsprogramm für eine revolutionäre Bewegung in Indochina zu erstellen und unter vietnamesischen Emigranten neue Kader zu rekrutieren. Nach einem kurzen Zwischenstopp in Berlin kam er nach vier Jahren Abwesenheit wieder in der französischen Hauptstadt an.

Seine dortige Mission stand allerdings unter keinem guten Stern. Die KPF war politisch gelähmt – offensichtlich eine Auswirkung antitrotzkistischer Säuberungen in der Sowjetunion gegen Ende 1927. Die Mitglieder der Kolonialkommission der Partei, mit denen Nguyen Ai Quoc zusammenarbeiten sollte, zögerten, mit ihm in Kontakt zu treten, geschweige denn, ihn finanziell zu unterstützen. Da sein Mentor in der Kommission, Jacques Doriot, im Gefängnis saß, war Nguyen Ai Quoc fast völlig auf sich allein gestellt.[3] Bekannte warnten ihn, dass die Sûreté Nachricht von seiner Anwesenheit in Paris erhalten habe und deshalb intensiv nach ihm fahnde, und so reiste er im Dezember 1927 nach Brüssel, um an einem Treffen des Exekutivkomitees der Anti-Imperialistischen Liga teilzunehmen.

Anschließend hielt sich Nguyen Ai Quoc bis Mai 1928 in Berlin auf, wo er auf weitere Instruktionen und Geld der Komintern wartete. Um die Ausgaben niedrig zu halten, wohnte er bei einem ihm bekannten deutschen Kommunisten. Weil er nicht untätig bleiben wollte, verfasste er zunächst einen Bericht über eine revolutionäre Bewegung in der Provinz Guangdong, dann machte er sich an die Vorbereitung eines Buches über die Bauernbewegung in China. Im April 1928 war er jedoch des Wartens überdrüssig und schickte einen Brief an die Komintern, in dem er keinen Hehl daraus machte, wie frustriert er war: «In Frankreich kann ich nicht arbeiten, in Deutschland bin ich nutzlos, in Indochina werde ich aber gebraucht, deshalb habe ich schon beantragt, dorthin gehen zu dürfen.»[4] Als Doriot ihn in Berlin getroffen habe, habe dieser versprochen, sich um seine prekäre finanzielle Lage zu kümmern, bis jetzt habe er aber noch nicht geantwortet. Er sei deshalb in einer sehr schwierigen Situation: schier endlose Warterei, seit vier Monaten schon, und nichts zum Leben.[5]

Die lang ersehnte Direktive aus Moskau kam dann endlich Ende April 1928, allerdings erhielt er nur Geld für die Reise und die ersten drei Monate seines Aufenthaltes in Siam. Danach würde die Höhe des Betrages von den Nachrichten abhängen, die Nguyen Ai Quoc an die Zentrale schicke, so die kurze Mitteilung des

Schweizer Kommunisten Jules Humbert-Droz, der im Komintern-Sekretariat für die französischen Kolonien zuständig war. Er solle aber besser versuchen, selbst seinen Lebensunterhalt zu bestreiten, und nicht mit Hilfe aus Moskau rechnen.[6]

Ende Mai 1928 konnte Nguyen Ai Quoc endlich Berlin verlassen. Mit der Bahn reiste er über die Schweiz nach Italien, wo er Ende Juni 1928 in Neapel an Bord eines Schiffes ging und die mehrwöchige Reise Richtung Siam antrat.

Währenddessen fand in Moskau der 6. Komintern-Kongress statt, auf dem ein grundlegender Kurswechsel eingeleitet wurde. Unter dem Eindruck der Ereignisse in China, aber auch infolge innenpolitischer Entwicklungen (Machtkampf Stalins gegen Trotzki) fasste der Kongress den Beschluss, die breite Einheitsfrontstrategie, der die Komintern in den Jahren zuvor gefolgt war, aufzugeben. Ab sofort waren auch in den Kolonien Allianzen mit nationalistischen bürgerlichen Parteien abzulehnen, die kommunistischen Parteien von unzuverlässigen bürgerlichen Elementen zu säubern und mehr Mitglieder mit proletarischem Klassenhintergrund zu rekrutieren. Gleichzeitig diagnostizierte der Komintern-Kongress die Verschärfung der Krise des Kapitalismus und prophezeite optimistisch eine neue Phase der Weltrevolution. Alle kommunistischen Parteien wurden deshalb aufgerufen, ihre Aktivitäten zu intensivieren und Vorbereitungen für den bevorstehenden Zusammenbruch des kapitalistischen Systems zu treffen.

Als Nguyen Ai Quoc im Juli 1928 in Bangkok ankam, wusste er nichts von dem Linksschwenk, den die Komintern gerade beschlossen hatte, und ließ sich noch bis 1930 unverändert von der Idee der Einheitsfrontlinie leiten, die die Politik der Komintern bis zum Shanghai-Massaker 1927 bestimmt hatte.

Über den Aufenthalt Nguyen Ai Quocs in Siam vom Sommer 1928 bis zum November 1929 liegen außer den Memoiren einiger kommunistischer Veteranen und der schon mehrfach zitierten Autobiographie vom Ende der vierziger Jahre keine Quellen vor. In den sechzehn Monaten, die er in Siam verbrachte, schrieb er keinen einzigen Bericht an die Komintern. Die französische Sûreté hatte nach seinen kurzen Aufenthalten in Paris und Brüssel jede Spur von ihm verloren. Das Einzige, was sie in Erfahrung bringen konnte, waren Gerüchte, dass Nguyen Ai Quoc nunmehr in Siam war und ein mysteriöser Vietnamese exilvietnamesische Gemeinden *(Viet Kieu)* im Nordosten des Landes besuchte.

Über die Gründe, warum Nguyen Ai Quoc in Siam die Verbindung zur Komintern abreißen ließ und während seines Aufenthaltes nicht weniger als sechs Decknamen verwendete, um sein Inkognito zu wahren, kann man nur spekulieren. Vielleicht wollte er abwarten, bis sich in Moskau der Sturm der antitrotzkistischen Säuberungen wieder gelegt hatte, er besaß ja enge Kontakte zu französischen Trotzkisten. Vielleicht vermutete er auch, dass einige Exilvietnamesen in Siam als Spitzel für die Franzosen arbeiteten. Tatsächlich war sein Leben in Gefahr, da er steckbrieflich gesucht und im Oktober 1929 in Nghe An in Abwesenheit wegen aufrührerischer Aktivitäten zum Tode verurteilt worden war.[7]

Nach mehreren Zwischenstationen kam Nguyen Ai Quoc als einfach gekleideter asketischer «Weiser» im September 1928 in Udon an, einem der Zentren der Exilvietnamesen in Siam. Da das Land keine europäische Kolonie war, konnte er sich relativ ungehindert bewegen. Zudem boten die exilvietnamesischen Gemeinden im Nordosten ein geeignetes Rekrutierungsfeld. Antikolonialistische Vietnamesen waren seit Ende des 19. Jahrhunderts nach Siam geflohen. Zudem hatten *Thanh-Nien*-Mitglieder hier bereits seit Mitte der zwanziger Jahre Zellen aufgebaut. In Udon traf Nguyen Ai Quoc auch einige Absolventen der Kaderschule in Kanton, darunter Hoang Van Hoan (1905–1991).[8] Er war dort mehrere Monate tätig, sammelte zunächst Informationen über die örtliche Situation, baute «progressive» Schulen auf, in denen «moderne politische Ideen» unterrichtet wurden, und bildete das Udon-Provinzkomitee der *Thanh-Nien*-Organisation. Nach verschiedenen Quellen übersetzte er in dieser Zeit kommunistische Klassiker aus dem Chinesischen ins Vietnamesische und verfasste ein Versepos über

Tran Hung Dao, einen der vietnamesischen Nationalheroen aus dem 13. Jahrhundert. Andere sprechen davon, dass sich Nguyen Ai Quoc intensiv mit östlicher Medizin beschäftigte. Vietnamesische Historiker behaupten, dass er sich von Siam aus bemühte, Kontakt mit seinem Vater Nguyen Sinh Sac aufzunehmen. Versuche, direkt nach Vietnam zu reisen, brach er jedoch wegen der starken Polizeipräsenz an der Grenze ab. Wohl im Juni 1929 ging er wieder zurück nach Bangkok.

Während Nguyen Ai Quoc im Nordosten Siams unter verschiedenen Decknamen von Dorf zu Dorf zog, war die *Thanh-Nien*-Organisation stark expandiert und hatte bis Mitte 1928 in allen drei Landesteilen Vietnams Regionalkomitees gebildet. Gleichzeitig hatten sich jedoch die ideologischen Gegensätze, die bereits seit Gründung der Organisation bestanden hatten, weiter verschärft. Die Gruppe um Nguyen Ai Quoc betonte stärker die Frage der nationalen Unabhängigkeit und konnte damit auch viele Mitglieder aus der nationalistischen Partei für die *Thanh Nien* gewinnen. Der radikale Flügel, der sich vor allem im Regionalkomitee von Tonkin mit seinem ersten Sekretär Tran Van Cung herausgebildet hatte, legte dagegen einen stärkeren Akzent auf den Klassenkampf und die soziale Revolution. Durch den Linksschwenk, den der 6. Komintern-Kongress 1928 eingeleitet hatte, erhielt die radikale Fraktion innerhalb der *Thanh Nien* Auftrieb.

Der schon länger schwelende Konflikt kam schließlich auf dem Kongress der *Thanh Nien* im Mai 1929 in Hongkong zum Ausbruch.[9] Als sich der Führer des Regionalkomitees, Tran Van Cung, nicht mit seinem Vorschlag durchsetzen konnte, die *Thanh Nien* aufzulösen und durch eine regelrechte kommunistische Partei zu ersetzen, verließen er und seine Anhänger wutentbrannt die Versammlung und gründeten im Juni 1929 in Hanoi eine eigene Partei unter dem Namen «Kommunistische Partei Indochinas» *(Dong Duong Cong San Dang)*. Die *Thanh-Nien*-Fraktion in Südchina bezeichneten sie als «falsche Revolutionäre» und «kleinbürgerliche Opportunisten», die sich nie an die Beschlüsse der Komintern gehalten und auch nie unter den «proletarischen Massen» um Unterstützung geworben hätten.[10]

Als in Vietnam viele Mitglieder der *Thanh Nien* zur neuen Partei überliefen, erkannte die Führung der *Thanh Nien* mit Le Hong Son, Ho Tung Mau und Le Quang Dat in Hongkong, dass sie mit ihrer ablehnenden Haltung auf dem Kongress im Juni einen schweren taktischen Fehler begangen hatte, und gründete nun ihrerseits eine Partei, die Kommunistische Partei Annams (KPA) *(An Nam Cong San Dang)*. Diese konnte vor allem in Cochinchina schnell eine große Anhängerschaft gewinnen. Um das organisatorische Chaos in der revolutionären Bewegung Vietnams zu komplettieren, gründeten radikale Anhänger der *Tan-Viet*-Partei in Zentralvietnam die «Kommunistische Liga Indochinas» *(Dang Duong Cong San Lien Doan)*.

In dieser Situation versuchten die früheren *Thanh-Nien*-Führer in Hongkong ein weiteres Mal, die verschiedenen kommunistischen Gruppierungen in einer Partei zu vereinen. Sie wollten bereits einen Kader nach Moskau schicken, um dort Nguyen Ai Quoc, den Gründer der *Thanh Nien*, zu suchen, als sie von einem Mittelsmann erfuhren, dass dieser sich in Siam aufhielt. Im August 1929 entsandten sie deshalb Truong Van Lenh, ein altes Mitglied der *Thanh Nien*, mit dem Auftrag nach Siam, Nguyen Ai Quoc möglichst schnell als Vermittler nach Hongkong zu bringen.

Mittlerweile war die Nachricht von der Spaltung der revolutionären Bewegung in Vietnam auch zur Komintern gedrungen. Im Oktober 1929 fasste die Komintern den formellen Beschluss, eine kommunistische Partei in Indochina zu gründen. Die Führung der *Thanh Nien* in Hongkong kritisierte sie dafür, die Spaltung der Bewegung nicht verhindert zu haben. Gleichzeitig unterstützte sie den Linkskurs der Kommunistischen Partei Indochinas um Tran Van Cung. Die Beschlüsse und das Programm der alten *Thanh Nien* – so die Analyse der Komintern – nähmen nicht die richtige Bewertung der Rolle der verschiedenen Klassen vor. Lediglich das Proletariat und die Bauernschaft seien die «treibenden Kräfte» der Revolution, nicht aber «kleinbürgerliche Elemente». Zwei

Absolventen der Stalin-Schule, Tran Phu und Ngo Duc Tri, wurden deshalb mit dem Auftrag nach Vietnam entsandt, eine kommunistische Partei zu gründen, die dieser neuen Klassenanalyse entsprach.[11]

Nachdem Nguyen Ai Quoc den Hilferuf seiner alten Anhänger aus der *Thanh-Nien*-Organisation erhalten hatte, reiste er nach Bangkok und nahm dort ein Schiff nach Kanton. Nach Sûreté-Berichten wurde «Ly Thuy» – so sein alter Deckname in Südchina – bereits Mitte Dezember 1929 gesichtet. Er traf sich zunächst mit Le Hong Son, Ho Tung Mau und anderen Vertretern der Hongkonger *Thanh-Nien*-Gruppe, um sich ein Bild von der Lage zu machen. Danach forderte er die Kommunistische Partei Indochinas auf, zwei Delegierte nach Hongkong zu entsenden – offensichtlich unter Berufung auf die Komintern-Direktiven, die er vor seinem Aufenthalt in Siam erhalten hatte. Vom neuen Kurs, den die Komintern 1928 beschlossen hatte, hatte er mittlerweile allgemeine Kenntnis; dass jedoch im Zuge dieses Linksschwenks auch das maßgeblich von ihm verfasste Programm der *Thanh Nien* einer fundamentalen Kritik unterzogen worden war, wusste er zu diesem Zeitpunkt noch nicht.

Auf der sogenannten Vereinigungskonferenz, die zwischen Anfang Januar und Anfang Februar 1930 in Hongkong stattfand, berief sich Nguyen Ai Quoc zwar auf sein Mandat, als «Abgesandter der Komintern uneingeschränkt über alle Angelegenheiten der revolutionären Bewegung in Indochina zu entscheiden»,[12] doch war er sich in Wirklichkeit über seinen Status im Unklaren, wie sein Brief an den französischen Vertreter in der Komintern zeigte: «Ich weiß zur Zeit nicht, was meine Stellung ist: Bin ich Mitglied der Kommunistischen Partei Frankreichs oder der Kommunistischen Partei Vietnams? ... Ist das Mandat, das ich von der Komintern erhalten habe, schon abgelaufen? Wenn ja, bin ich hier als Mitglied des Büros des Fernen Ostens?»[13]

Auf dem Treffen konnten sich die bislang verfeindeten Parteien schnell einigen, wenn man Nguyen Ai Quocs lakonischem Bericht an die Komintern Glauben schenken darf: «ich erklärte ihnen [den anwesenden Vertretern] ihre Fehler und sagte, was gemacht werden müsse. Sie erklärten sich einverstanden, sich zu einer Partei zu vereinen.»[14] So mündete die Vereinigungskonferenz in der Gründung der einheitlichen Kommunistischen Partei Vietnams *(Dang Cong San Viet Nam)* – nach Darstellung der vietnamesischen Parteihistoriographie war dies am 3. Februar 1930.[15]

Das Programm der Partei trug deutlich die Handschrift Nguyen Ai Quocs: Demnach war die Partei die «Vorhut der Arbeiterklasse» und sollte den «französischen Imperialismus, Feudalismus sowie die konterrevolutionäre Bourgeoisie» stürzen, doch warb sie auch um die Unterstützung durch das Kleinbürgertum, Intellektuelle, Mittelbauern sowie bestimmte nationalistische Gruppierungen. Außerdem stützte sie sich sogar auf reiche Bauern und Großgrundbesitzer, solange diese keine konterrevolutionäre Haltung an den Tag legten. Mit dieser Einheitsfrontlinie stand das von Ho Chi Minh formulierte Programm in klarem Gegensatz zur 1928 verabschiedeten Klassenlinie der Komintern und deren Instruktionen zur Gründung einer kommunistischen Partei in Vietnam vom Ende des Jahres 1929.[16]

6 Rebellion und Richtungswechsel in Vietnam Ausweisung aus Hongkong (1930–1934)

Mit der Gründung der KP Vietnams waren die Programmdebatten zwischen den unterschiedlichen Fraktionen noch nicht abgeschlossen. Auch hatte Nguyen Ai Quoc zwar die entscheidende Rolle auf der «Vereinigungskonferenz» gespielt, doch waren seine Position und seine programmatische Ausrichtung in der Partei nicht unumstritten, wie bereits die weiteren Ereignisse des Jahres 1930 zeigen sollten.

Während die anderen Delegierten nach Vietnam zurückkehrten und hier mit dem Aufbau eines Parteiapparats begannen, fuhr Nguyen Ai Quoc selbst nach Shanghai, um sich wieder seiner Tätigkeit als Chef des Far Eastern Bureau der Komintern widmen zu können. Im März 1930 weilte er zum zweiten Mal in Siam. In Bangkok traf er sich zunächst mit chinesischen Kommunisten, anschließend beriet er mit dem in Udon bereits bestehenden Provinzkomitee und mit auslandsvietnamesischen Gemeinden über konkrete Schritte zur Gründung einer kommunistischen Partei Siams. Außerdem versuchte er, im Nordosten Siams *Viet Kieu* anzuwerben, die Kontakte nach Laos und Zentralvietnam herstellen sollten. Als Verbindungsagenten für die Komintern rekrutierte er chinesische und vietnamesische Seeleute. Im April 1930 nahm er dann in Bangkok an der Gründungssitzung der Kommunistischen Partei Siams teil. Im gleichen Monat veranlasste er in Singapur als Vertreter des Far Eastern Bureau die Auflösung der South Seas Chinese Communist Party und die Neugründung als Kommunistische Partei Malayas.[1]

Während Nguyen Ai Quoc versuchte, auf Weisung der Komintern kommunistische Parteien in ganz Südostasien ins Leben zu rufen, wurde Vietnam von politischen Unruhen erschüttert. Im Februar 1930 kam es zu einem von der Nationalistischen Partei Vietnams *(Viet Nam Quoc Dan Dang)* initiierten Aufstandsversuch gegen die französische Kolonialherrschaft, der allerdings schlecht vorbereitet war und sich regional auf die nordwestlich von Hanoi gelegene Stadt Yen Bai beschränkte. Der Aufstand wurde schnell von den Franzosen niedergeschlagen, ein Großteil der Führung der Partei – darunter auch der Vorsitzende Nguyen Thai Hoc – festgenommen und im Juni 1930 exekutiert. Nach diesem Fehlschlag sollte die Nationalistische Partei Vietnams in den kommenden Jahren keine wesentliche politische Rolle mehr spielen.

Im September 1930 brach in den armen zentralvietnamesischen Provinzen Nghe An, der Heimat Nguyen Ai Quocs, und Ha Tinh eine spontane Bauernrebellion aus, die die französische Kolonialverwaltung vor sehr viel größere Probleme stellte. Der Protest der Bauernschaft richtete sich vor allem gegen die hohe Steuerlast, die durch die Folgen der Weltwirtschaftskrise noch drückender geworden war. In einigen Distrikten konnten die Bauern zunächst die bestehende Verwaltung auflösen und «Räte» bilden – die Bewegung ging deshalb als «*Nghe-Tinh*-Sowjetbewegung» in die Geschichte der Kommunistischen Partei Vietnams ein.

Während das Provinzkomitee von Nghe An die protestierenden Bauern unterstützte und versuchte, die Führung der Bewegung zu übernehmen, bewertete das Zentralkomitee der Partei, das sich im Oktober 1930 in Hongkong zu seinem ersten Plenum traf, die Rebellion ambivalent. Vor allem Nguyen Ai Quoc zweifelte daran, dass in Vietnam bereits die Bedingungen für einen allgemeinen Aufstand gegen die französische Kolonialverwaltung gegeben waren. In einer Direktive propagierte die Partei deshalb zwar Unterstützung für die *Nghe-Tinh*-Sowjetbewegung, warnte jedoch gleichzeitig vor «Putschismus», «Abenteurertum» und der Anwendung von Gewalt. Sie wies an, Vorsichtsmaßnahmen für den Fall zu treffen, dass die Rebellion von den Franzosen niedergeschlagen würde.[2]

Im Mittelpunkt des Oktoberplenums stand jedoch die Verabschiedung eines neuen Programms, das das vorläufige, unter der

Führung von Nguyen Ai Quoc auf der Gründungskonferenz im Februar 1930 beschlossene Programm ersetzen sollte. Das neue Programm stand im Einklang mit der seit 1928 von der Komintern propagierten Klassenlinie. Ziel war die antiimperialistische und antifeudale Revolution. Dabei sollte sich die Partei auf die Arbeiterklasse und arme Bauern sowie Mittelbauern stützen. Von einer breiten Einheitsfront, die auch progressive bürgerliche Kräfte und reiche Bauern einschloss, war nun keine Rede mehr. Die Partei wurde auf Weisung Moskaus in Kommunistische Partei Indochinas (KPI) umbenannt, um im Gegensatz zu dem von Nguyen Ai Quoc in den Vordergrund gestellten Kampf um die nationale Unabhängigkeit den Klassenkampf und den internationalistischen Charakter der Partei zu betonen. Das Oktoberplenum stellte damit für Nguyen Ai Quoc eine politische Niederlage dar – «er verlor seine Autorität als Deuter der Komintern-Politik für Vietnam».[3]

Die Kritik an seiner Einheitsfrontlinie verstärkte sich nach dem Plenum sogar noch weiter. Im Dezember 1930 kursierte in der Partei ein Rundschreiben, das einer Selbstkritik Nguyen Ai Quocs gleichkam. Darin hieß es, der Genosse, der die Vereinigungskonferenz einberufen habe, sei ohne spezielle Instruktionen von der Komintern nach Asien geschickt worden, habe somit auf eigene Initiative gehandelt und bei der Parteigründung eine Reihe von Fehlern begangen. Er habe seine Fehler bereits eingesehen und sich bereit erklärt, diese zu korrigieren. Außerdem betonte das Rundschreiben noch einmal, dass im Gegensatz zum provisorischen Programm vom Februar 1930 alle Großgrundbesitzer als Feinde der Bauernschaft anzusehen seien.[4]

In den folgenden Monaten verschlechterten sich die Beziehungen zwischen Nguyen Ai Quoc und der Führung der KPI. Auf dem Oktoberplenum war Tran Phu zum ersten Generalsekretär der Partei gewählt worden. Im März 1931 schrieb das ZK an Nguyen Ai Quoc, er solle darauf verzichten, weiter Berichte der Partei für das Far Eastern Bureau anzufordern. Das ZK würde diese Berichte in Zukunft selbständig schreiben, Nguyen Ai Quoc könne diese dann an die Komintern weiterleiten. Im April 1931 schlug Tran Phu dem Far Eastern Bureau sogar vor, auf Nguyen Ai Quoc als Mittelsmann zwischen der KPI und der Komintern zu verzichten.[5] Für Tran Phu war Nguyen Ai Quoc hauptverantwortlich für das belastende Erbe «alter revolutionärer Organisationen», die sogar Klassenfeinde wie bestimmte Großgrundbesitzer als Verbündete akzeptiert hätten. Im März 1931 beschloss das Plenum die Säuberung der Führungsorgane der Partei von Intellektuellen und «konservativen Elementen» und ihre Ersetzung durch Arbeiter und arme Bauern. In Zentralvietnam kam es bei dieser «Proletarisierung» der Partei zu gewaltsamen Exzessen gegen Parteimitglieder, die, obwohl patriotisch, nicht über den notwendigen proletarischen Klassenhintergrund verfügten.

Im Frühjahr 1931 schlug die französische Kolonialverwaltung die *Nghe-Tinh*-Sowjetbewegung blutig nieder. Nach Berichten der französischen Sûreté waren am Ende 2000 Aktivisten der Rebellion getötet und mehr als 50 000 Personen festgenommen worden. Gleichzeitig gelangen der Kolonialverwaltung vernichtende Schläge gegen den Parteiapparat der KPI. Tran Phu, der erste Generalsekretär der Partei, wurde im April 1931 verhaftet und starb einige Monate später in einem französischen Gefängnis. Im April und Mai 1931 konnte die Sûreté alle Parteistrukturen oberhalb der Provinzebene zerstören.

Die junge Partei benötigte jetzt eine neue Führung. Nguyen Ai Quoc, der immerhin maßgeblich zur Gründung der Kommunistischen Partei beigetragen hatte, kam allerdings für eine Führungsposition nicht in Frage – er war mit seiner Einheitsfrontlinie, die nicht im Einklang mit der Klassenlinie der Komintern und der politischen Haltung vieler der in Moskau ausgebildeten vietnamesischen Kader stand, isoliert innerhalb der revolutionären Bewegung in Vietnam. Nach der programmatischen Umorientierung der Partei im Oktober 1931 sollte es noch Jahre dauern, bis Nguyen Ai Quoc wieder eine wichtige politische Rolle spielte.[6]

Während Nguyen Ai Quoc in Hongkong auf neue Instruktionen der Komintern wartete, wurde der französische Komintern-

Agent Joseph Dutroux im Juni 1931 in Singapur verhaftet. Über sein Adressbuch kam die britische Polizei auf die Spur von Nguyen Ai Quoc und nahm diesen am 6. Juni 1931 in Hongkong fest. In seinen Vernehmungen spielte Nguyen Ai Quoc ein Doppelspiel. Einerseits gab er sich als Chinese namens Sung Man Cho aus, andererseits behauptete er, kein Kommunist, sondern ein Patriot zu sein, der in Vietnam in Abwesenheit zum Tode verurteilt worden war. Zwar hatten die Briten in Hongkong keine Rechtsgrundlage, Nguyen Ai Quoc aus politischen Gründen an die Franzosen in Indochina auszuliefern, doch bestand durchaus die Gefahr, dass er aus der britischen Kolonie nach Shanghai ausgewiesen und dort wie andere vietnamesische Parteikader von den französischen Behörden festgenommen würde. Im Juli erhielt Nguyen Ai Quoc jedoch Rechtsbeistand von einer Gruppe von Rechtsanwälten unter Leitung von Frank Loseby. Seine Verteidiger verlangten, dass Nguyen Ai Quoc seine Ausreise aus Hongkong selbst organisieren und vor allem selbst bestimmen solle, wohin er ausreisen wolle.

Nguyen Ai Quocs Verhaftung erregte schnell internationale Aufmerksamkeit. Die Komintern initiierte über die Internationale Rote Hilfe und die Liga gegen den Imperialismus eine Pressekampagne zu seiner Unterstützung. Berichte über den Prozess gelangten auf die ersten Seiten der Hongkonger Zeitungen. Vor Gericht machte Nguyen Ai Quoc offensichtlich mit seinen guten Englischkenntnissen Eindruck; er konnte sich glaubhaft als Patriot darstellen. Die Meinungen der mit dem Fall befassten britischen Behörden waren jedoch gespalten. Während die einen geltend machten, dass seine Auslieferung nichts anderes wäre, als «seinen Hals in den französischen Strick» zu stecken, zeigte sich das Colonial Office in London von weniger moralischen Zweifeln geplagt und verlangte, ihn «als einen der schlimmsten Agitatoren» im «Interesse der Zivilisation des Ostens» und aus Solidarität unter Kolonialherren an die Franzosen auszuliefern.[7]

Auf Anweisung des Foreign Office entschied der britische Gouverneur von Hongkong, Nguyen Ai Quoc umgehend nach Indochina auszuweisen. Die Ausweisung wurde vom Obersten Gerichtshof bestätigt. Nguyen Ai Quocs Verteidiger Frank Loseby hatte diese Entscheidung jedoch vorausgesehen und legte Einspruch beim Privy Council in London ein. Dort zog sich die Bearbeitung des Falles noch Monate hin. Währenddessen wurde Nguyen Ai Quoc in ein Krankenhaus verlegt, wo er wegen Tuberkulose behandelt wurde. Im August 1932 erschienen in kommunistischen Zeitungen sogar Presseberichte, wonach Nguyen Ai Quoc an TBC gestorben sei. Das französische Konsulat in Hongkong war jedoch sehr gut über seinen tatsächlichen Gesundheitszustand informiert und ließ sich von diesem offensichtlichen Täuschungsmanöver nicht beeindrucken. Französische Stellen versuchten weiterhin Druck auf die britischen Behörden zu machen und versorgten diese mit neuen Informationen, wonach Nguyen Ai Quoc für die Unruhen in Zentralvietnam und die Verbreitung subversiver Lehren verantwortlich sei und zur Rechenschaft gezogen werden müsse.

Nach zähen Verhandlungen zwischen Vertretern der britischen Regierung und Nguyen Ai Quocs Verteidigern fällte das Privy Council im Juni 1932 die endgültige Entscheidung. Nguyen Ai Quoc musste Hongkong verlassen, durfte seine Abreise aber selbst organisieren. Ende 1932 wurde er schließlich freigelassen. Seine Ausreise nach Singapur im Januar 1933 verlief allerdings nicht plangemäß. Die dortigen Behörden verweigerten ihm die Einreise und schickten ihn wieder nach Hongkong zurück. Auf Bitten von Frank Loseby leisteten die Hongkonger Behörden beim zweiten Ausreiseversuch Hilfestellung und brachten den als reichen chinesischen Geschäftsmann verkleideten Nguyen Ai Quoc am 22. Januar 1933 in einer Nacht-und-Nebel-Aktion an Bord eines Frachters mit dem Bestimmungsort Xiamen in Südchina.

Nach einigen Wochen reiste er nach Shanghai, wo er weiterhin seine Rolle als reicher Geschäftsmann spielte und sich in einem teuren Hotel einquartierte. Diese Vorsichtsmaßnahmen erwiesen sich auch durchaus als notwendig, da die Sicherheitsbehörden im örtlichen französischen Konzessionsgebiet bereits über die mögliche Ankunft Nguyen Ai Quocs informiert worden waren und die

Fahndung nach ihm eingeleitet hatten. Es gelang ihm schließlich, über einen ihm bekannten französischen Kommunisten Kontakt zu untergetauchten chinesischen Genossen aufzunehmen, die seine Weiterreise in die Sowjetunion organisierten. Im Frühjahr 1934 ging Nguyen Ai Quoc an Bord eines Schiffes nach Wladiwostok und kam nach eigenen Angaben im Juli 1934 in Moskau an.[8]

7 Überleben unter Stalin Kaltgestellt in Moskau (1934–1938)

Das Moskau des Jahres 1934 war eine andere Stadt, als Nguyen Ai Quoc sie noch aus seinen früheren Aufenthalten kannte. Die Atmosphäre war nicht mehr von der Neuen Ökonomischen Politik und den damit verbundenen Freiräumen geprägt, sondern vom Stalin-Kult und von politischen Säuberungen. Einrichtungen der Komintern wie die Internationale Lenin-Schule waren bereits seit Anfang der dreißiger Jahre von Säuberungen erfasst worden. Die eigentlichen Säuberungswellen begannen jedoch Ende 1934 nach der Ermordung des Leningrader Parteichefs Kirow.

Im angespannten politischen Klima, das in Moskau im Sommer dieses Jahres herrschte, muss Nguyen Ai Quoc befürchtet haben, auch Opfer einer Säuberungsaktion zu werden. Nicht nur die von ihm vertretene Einheitsfrontstrategie, die im klaren Widerspruch zur damals gültigen Komintern-Linie stand, war ein Grund, um ihm den Prozess zu machen. Dazu kam die Tatsache, dass er aus einem britischen Gefängnis freigelassen worden war, während viele andere 1931 mit ihm festgenommene vietnamesische Genossen und Komintern-Kader immer noch in Haft saßen oder bereits hingerichtet worden waren. Dies erklärt auch, warum er in seinem Anmeldebogen für die Lenin-Schule, an der er sich nach einem mehrwöchigen Erholungsaufenthalt auf der Krim im Oktober 1934 einschrieb, nur sehr spärliche persönliche Angaben machte. Darin behauptete er, keine Verwandten, keine Ehefrau, keinen Beruf, keine speziellen Kenntnisse und auch keine Vorstellung darüber zu haben, in welchem Bereich er eingesetzt werden könnte.[1]

Allein die Tatsache, dass Nguyen Ai Quoc keinen adäquaten Posten in der Komintern erhalten hatte, sondern an eine Kaderschmiede versetzt worden war, deutete darauf hin, dass er politisch in Ungnade gefallen war. Hierzu trugen auch Berichte von Kadern aus Vietnam bei, die ab Ende 1934 in Vorbereitung des ersten Parteikongresses der KPI in Moskau eintrafen. Sie nahmen die Kritik an Nguyen Ai Quocs politischer Haltung von 1931 wieder auf. So kritisierte Ha Huy Tap, ein Absolvent der Stalin-Schule, der zusammen mit Le Hong Phong den Parteiapparat in Vietnam wiederaufbauen wollte, «das nationalistische Erbe» von Nguyen Ai Quoc und seine fehlerhaften Instruktionen in wichtigen ideologischen Fragen wie der Rolle der Bourgeoisie und der Großgrundbesitzer bei der Revolution. Aufgrund dieser Fehler – so Ha Huy Tap – habe die KPI eine Politik verfolgt, die nicht im Einklang mit der Komintern-Linie stand.[2]

Auf dem Parteitag Ende März 1935 in Macao wurde Nguyen Ai Quoc dann weiter degradiert, man wählte ihn lediglich zum Kandidaten des ZK. Außerdem bestimmte ihn der neue Generalsekretär der Partei, Ha Huy Tap, zum Vertreter der KPI bei der Komintern. In der Praxis bedeutete dies jedoch nichts anderes, als dass Nguyen Ai Quoc in untergeordneter Position Parteitagsdokumente oder Schriften von vietnamesischen Studenten übersetzen sollte, die an der Universität der Arbeiter des Ostens in Moskau lernten.[3] Außerdem distanzierte sich Ha Huy Tap in seinem Abschlussbericht vor dem Parteitag erneut von der «national-revolutionären Ideologie, gemischt mit Reformismus und Idealismus, ... des Genossen Nguyen Ai Quoc». Die KPI und auch die Kommunistische Partei Siams müssten «einen rücksichtslosen Kampf gegen die alten opportunistischen Theorien führen ... Wir schlagen vor, dass Genosse Lin [Nguyen Ai Quoc] einen Bericht schreibt und sich selbst und seine Fehler der Vergangenheit kritisiert.»[4]

In einem Bericht an die Komintern Ende April 1935 machte Ha Huy Tap Nguyen Ai Quoc sogar indirekt für die Verhaftung von über hundert Mitgliedern der *Thanh Nien* verantwortlich. Er warf ihm vor, wider besseres Wissen den Kontakt zu dem Sûreté-Spitzel Lam Duc Thu aufrechterhalten und unvorsichtigerweise Karteikarten mit den echten Namen, Fotos und anderen Angaben der Mitglieder angelegt zu haben. Nachdem dieses Material in den Besitz der Franzosen gelangt sei, hätten diese leichtes Spiel gehabt, eine umfassende Verhaftungswelle einzuleiten. Nguyen Ai Quoc – so Ha Huy Tap – würde in der Partei immer heftiger kritisiert. Der Vorsitzende der KP Siams sage sogar, dass Nguyen Ai Quoc vor 1930 «kein Kommunist gewesen» sei.[5]

Offensichtlich erhielt Nguyen Ai Quoc von diesen ihn kompromittierenden Berichten Kenntnis. Anfang Januar 1935 beklagte er sich in einem Brief an die Komintern über die mangelnden theoretischen Kenntnisse der Kader aus Südostasien, die in Moskau studierten. Außerdem sei fast die gesamte alte, kampferprobte Führung der KPI in den Jahren 1930 und 1931 ausgelöscht und durch jüngere Kader ersetzt worden, die natürlich aufgrund ihrer Unerfahrenheit schwerwiegende Fehler begehen würden. Diesen Kadern sollten Unterrichtsmaterialien zur Verfügung gestellt werden, mit deren Hilfe sie das Grundwissen, das jeder «Kämpfer» haben müsse, erwerben könnten. Ohne dass Nguyen Ai Quoc konkrete Namen nannte, waren seine Empfehlungen doch ein offensichtlicher Seitenhieb gegen den neuen Parteichef Ha Huy Tap und die anderen jungen Kader in der KPI.[6] Die Beschädigung seines politischen Renommees in Moskau durch die Berichte von Ha Huy Tap war jedoch nicht mehr rückgängig zu machen. So lehnte Wera Wasiljewa, die für die Sektion Indochina in der Komintern zuständig war, den Vorschlag der KPI, Nguyen Ai Quoc zu ihrem Vertreter bei der Komintern zu machen, ab. Nguyen Ai Quoc müsse die nächsten zwei Jahre erst einmal studieren und könne in diesem Zeitraum keine anderen Aufgaben übernehmen.[7]

Nach der Aussage eines sowjetischen Zeitzeugen führten die schweren Vorwürfe gegen Nguyen Ai Quoc sogar dazu, dass sein Fall kurz vor dem 7. Komintern-Kongress im Juli 1935 von einer Untersuchungskommission der Internationalen Abteilung des Zentralkomitees der KPdSU behandelt wurde. Die Kommission bestand aus drei Mitgliedern: der bereits erwähnten Wera Wasiljewa, Dmitri Manuilski, einem hohen Komintern-Kader, sowie Kang Sheng, Vertreter der KPC bei der Komintern. Während Manuilski sich neutral verhielt und Wasiljewa Nguyen Ai Quocs Fehler bei der Geheimhaltung wichtiger Informationen mit dem Hinweis auf seine Unerfahrenheit zu verteidigen suchte, forderte Kang Sheng, der für die Eliminierung Hunderter chinesischer «Konterrevolutionäre» in der Sowjetunion verantwortlich war, das Todesurteil für Nguyen Ai Quoc. Allerdings sind hierzu keine Quellen wie Dokumente des sowjetischen Geheimdienstes, die diese Informationen über einen angeblichen Prozess gegen Nguyen Ai Quoc belegen könnten, zugänglich.[8]

Es besteht jedoch kein Zweifel, dass der verdiente vietnamesische Komintern-Agent und Gründer der KPI Nguyen Ai Quoc Mitte der dreißiger Jahre in Moskau politisch kaltgestellt war. Das zeigte sich deutlich während des 7. Komintern-Kongresses, der im März 1935 in Moskau stattfand.

1924, auf dem 5. Komintern-Kongress, hatte er noch durch seine selbstbewussten Redebeiträge für erhebliches Aufsehen unter den Delegierten gesorgt, nun war er als Beobachter auf die hinteren Bänke verbannt und musste mit ansehen, wie einer seiner schärfsten parteiinternen Kritiker, der 33-jährige Le Hong Phong, als Leiter der kleinen vietnamesischen Delegation im Mittelpunkt des Interesses stand. Dieser konkurrierte mit dem ebenfalls 33-jährigen Ha Huy Tap um die Position des Generalsekretärs der KPI und wurde offensichtlich von der Komintern als Parteiführer anerkannt, während Ha Huy Tap die Unterstützung des ZK in Vietnam genoss. Beide waren prominente Beispiele für jene jungen Kader, die Nguyen Ai Quocs nationalistische Linie ablehnten und von ihm wegen ihres angeblichen Theoriedefizits kritisiert worden waren.

Zur KPI-Delegation gehörten außerdem Hoang Van Non, ein ethnischer Tay aus der nördlichen Provinz Cao Bang, und Nguyen Thi Minh Khai. Nach den vorhandenen Quellen hatten Nguyen Ai Quoc und die 1910 in der Nähe von Hanoi geborene Nguyen Thi Minh Khai seit 1930 eine Liebesbeziehung. Offensichtlich hatte Nguyen Ai Quoc das Far Eastern Bureau der Komintern sogar über eine bevorstehende Heirat informiert. Ob die Ehe schließlich formal vollzogen wurde, ist unklar. Beide wurden im Frühjahr 1931 in Hongkong verhaftet. Nach der Freilassung von Nguyen Thi Minh

Khai aus chinesischen Gefängnissen fing die Sûreté einen Brief von ihr ab, in dem sie endgültig von Heiratsplänen Abstand nahm und die kommunistische Revolution zu ihrem «einzigen Ehemann» erklärte. Trotzdem gab sie Ende 1934 bei ihrer Ankunft in Moskau zum bevorstehenden Komintern-Kongress in einem Anmeldeformular an, dass sie mit «Lin» verheiratet sei – das war Nguyen Ai Quocs damaliger Deckname. Nach dem Kongress heiratete sie jedoch Le Hong Phong.[9]

Auf dem Kongress verabschiedete sich die Komintern von der radikalen, ultralinken Linie, die nach dem Zusammenbruch der Einheitsfront in China beschlossen worden war, und proklamierte unter ihrem Generalsekretär Grigori Dimitrow eine Volksfrontstrategie. Ziel war jetzt nicht mehr die proletarische Revolution und die Gründung von Sowjetrepubliken in den Kolonien, sondern die Bildung einer breiten Allianz aller progressiven und demokratischen Kräfte gegen die Bedrohung durch den Faschismus.

Nach diesem Strategiewechsel schien wieder die Stunde Nguyen Ai Quocs gekommen zu sein, der bereits seit den zwanziger Jahren eine Einheitsfrontlinie vertreten hatte. Während die vietnamesischen Delegierten nach Abschluss des Kongresses wieder nach Asien zurückkehrten und Le Hong Phong mit der Umsetzung der neuen Komintern-Linie in Vietnam betraut wurde, blieb Nguyen Ai Quoc jedoch in Moskau. Er musste noch drei weitere Jahre in erzwungener politischer Untätigkeit verbringen, bis er wieder aktiv in den Kampf gegen die französische Kolonialherrschaft in Indochina eingreifen durfte. Nguyen Ai Quoc wurde immer ungeduldiger. In einem Interview mit dem sowjetischen Journalisten Ilja Ehrenburg sagte er im September 1935, dass er nur noch einen Wunsch habe: so schnell wie möglich in sein Vaterland zurückzukehren. 1935 und 1936 stellte er mehrfach entsprechende Anträge, doch wurden diese mit der Begründung abgelehnt, die Situation in Indochina sei zu «kompliziert» beziehungsweise die vorgeschlagene Reiseroute nicht «praktikabel».[10]

Während Nguyen Ai Quoc auf eine Antwort auf seine Reiseanträge wartete, schrieb er sich im Herbst 1936 in Moskau als Student an der Stalin-Schule ein. Gleichzeitig nahm er dort auch eine Tätigkeit als Dozent auf und arbeitete eng mit Wera Wasiljewa zusammen, die sich zu seiner wichtigsten Gönnerin entwickelte und versuchte, ihn politisch zu rehabilitieren. Mehrfach wies sie in privaten Gesprächen wie in offiziellen Berichten an die Komintern auf seine Verdienste bei der Gründung der KPI hin. Entgegen der von Tran Phu, dem ersten Generalsekretär der Partei, und später von Ha Huy Tap verbreiteten Version sprach Wera Wasiljewa ihn von der Verantwortung für die Fehler beim Gründungsparteitag frei. Man könne ihm lediglich vorwerfen, keine «hervorragenden Kommunisten» rekrutiert zu haben.[11]

An der Stalin-Schule belegte Nguyen Ai Quoc Kurse in «Dialektischem Materialismus», Geschichte und Russisch. Sein Lerneifer hielt sich offensichtlich in Grenzen – in der Regel erhielt er nur die Note «ausreichend». Als Dozent spielte er nur eine untergeordnete Rolle. Während er lediglich «Indochinesische Studien» auf Vietnamesisch unterrichtete, lehrte sein Landsmann Nguyen Khanh Toan, der später maßgeblichen Anteil am Aufbau der Sozialwissenschaften in Nordvietnam hatte, als Hauptdozent in mehreren Fächern.

Außerdem übersetzte Nguyen Ai Quoc im Auftrag des Far Eastern Bureau der Komintern marxistische Klassiker wie *Das kommunistische Manifest* ins Vietnamesische. Diese Übersetzungstätigkeit und das Studium an der Stalin-Schule, an der er bereits Mitte der zwanziger Jahre das ABC des Kommunismus gelernt hatte, kann Nguyen Ai Quoc, der in seiner langen Karriere als Berufsrevolutionär und Komintern-Agent wenig Begeisterung für trockene Theoriediskussionen an den Tag gelegt hatte, kaum als befriedigend empfunden haben.

1937 wurde Pawel Mif, der Direktor der mittlerweile in «Schule für Nationale und Koloniale Fragen» umbenannten Institution, verhaftet und zwei Jahre später exekutiert. Viele der Komintern-Mitarbeiter, mit denen Nguyen Ai Quoc in den zwanziger Jahren eng zusammengearbeitet hatte, fielen den Säuberungen Stalins zum Opfer. Wie Nguyen Ai Quoc die Jahre des «Großen Terrors» überstehen konnte, ist unklar. Die sowjetische Geheimpolizei hätte bei

3 Ho Chi Minh 1938 in Moskau. Der geschorene Kopf ist vermutlich Folge eines Krankenhausaufenthaltes.

einer Überprüfung von Nguyen Ai Quocs Kaderakte ausreichendes Beweismaterial für politische «Verirrungen» finden können, um ihn vor ein Erschießungskommando zu bringen.

Vielleicht rettete es Nguyen Ai Quoc das Leben, dass er aus einem kleinen Land kam, das anders als etwa Deutschland für die sowjetische Außenpolitik nicht von vorrangigem Interesse war. Es half sicher auch, dass Nguyen Ai Quoc, wie bereits erwähnt, wenig biographische Details über seine Person preisgab – diese Vorliebe sollte er bis an sein Lebensende beibehalten – und dass er nie als großer Theoretiker hervorgetreten war.[12]

Im Juni 1938 unternahm Nguyen Ai Quoc einen weiteren Versuch, die Komintern auf seine verzweifelte Lage aufmerksam zu machen. In einem Brief an das Sekretariat von Komintern-Führer Manuilski klagte er: «Heute ist der siebte Jahrestag meiner Festnahme in Hongkong. Dies ist auch der Beginn des achten Jahres meiner Inaktivität ... Genosse, schicken Sie mich irgendwohin. Oder behalten Sie mich hier. Oder geben Sie mir eine Aufgabe, die nach Ihrer Ansicht sinnvoll ist. Worum ich Sie bitten möchte, ist, mich nicht zu lange in diesem Zustand der Inaktivität neben und außerhalb der Partei zu lassen.»[13]

Die Komintern reagierte nun endlich auf Nguyen Ai Quocs Hilferufe. Ende September 1938 stimmte die «Schule für Nationale und Koloniale Fragen» seinem Wunsch zu und entließ ihn. Kurze Zeit später begab er sich im offiziellen Auftrag der Komintern auf die Reise nach China.

Wera Wasiljewa, seine Förderin in Moskau, hatte erwirkt, dass Nguyen Ai Quoc noch vor seiner Abreise vom Generalsekretär der Komintern, Dimitrow, empfangen wurde. In ihrem Brief an Grigori Dimitrow betonte Wasiljewa, dass «Lin» nach wie vor großen Einfluss auf die KPI habe: «Lin ist Mitglied des Zentralkomitees, genießt große Autorität in der Partei, und da er von hier [aus Moskau] kommt, werden sie ihm sehr aufmerksam zuhören.»[14] Diese Einschätzung sollte sich als überoptimistisch erweisen.

8 Die Gunst der Stunde Rückkehr nach Vietnam (1938–1941)

Während Nguyen Ai Quoc noch bis 1938 in Moskau zur politischen Untätigkeit verurteilt war, hatten sich für die Parteiführung in Vietnam Mitte der dreißiger Jahre neue Perspektiven ergeben. Zunächst hatte sich der amtierende Parteichef Ha Huy Tap gegen die Übernahme der Volksfrontstrategie der Komintern ausgesprochen. Nach der Bildung einer Volksfrontregierung im Juli 1936 in Paris wurden dann jedoch viele politische Gefangene in Vietnam freigelassen, und damit boten sich für die KPI nach der fast völligen Zerschlagung ihrer Führungsstrukturen 1931 neue legale politische Gestaltungsmöglichkeiten. Nun formierte sich in der Partei Widerstand gegen die starre Haltung von Ha Huy Tap. Es dauerte noch bis zum März 1938, bis die parteiinternen Spannungen mit der Ablösung von Ha Huy Tap und der Wahl von Nguyen Van Cu zum neuen Parteichef gelöst werden konnten.[1] Die Partei nutzte die neuen Entfaltungsmöglichkeiten und kehrte als wichtigste Kraft auf die politische Bühne Vietnams zurück.

Der Abschluss des Molotow-Ribbentropp-Abkommens am 23. August 1939 führte jedoch erneut zu einem abrupten Ende der legalen Tätigkeiten der KPI. Bereits am 28. September 1939 verbot der französische Generalgouverneur die Partei und alle ihre Publikationen. Nach dem Zusammenbruch der Volksfrontregierung in Paris im April 1938 hatte die Parteiführung zwar erkannt, dass die Zeit der offenen politischen Aktivitäten damit vorbei war, doch erst Ende September 1939 schickte sie eine Direktive an alle Parteizellen, wieder in den Untergrund zu gehen. In den folgenden vierzehn Monaten wurden Tausende von Parteimitgliedern verhaftet, andere flohen nach Südchina oder stellten jegliche politische Tätigkeit ein. Auf einer geheimen Tagung im November

1939 in der Nähe von Saigon versuchte das Zentralkomitee der KPI die Kehrtwendung in der sowjetischen Politik zu verarbeiten und rief zur Gründung einer «Antiimperialistischen Einheitsfront» auf. Im Januar 1940 wurde Nguyen Van Cu, der Generalsekretär der Partei, von den Franzosen in Saigon verhaftet. Seine Festnahme hinterließ eine Lücke in der Parteiführung, die erst 1941 vollständig geschlossen werden konnte. Im November 1940 wurde Dang Xuan Khu, der unter seinem Kampfnamen «Truong Chinh» bekannt werden sollte, zum amtierenden Generalsekretär gewählt.

Bereits im Juli 1937 war der Zweite Japanisch-Chinesische Krieg ausgebrochen, der auch den Beginn des Pazifikkrieges im asiatischen Raum markierte. Die Japaner übten seit der Niederlage Frankreichs gegen Deutschland im Juni 1940 verstärkt Druck auf die französische Kolonialregierung in Indochina aus, die Versorgung der nationalchinesischen Truppen über Eisenbahnlinien in Nordvietnam zu unterbinden. Im September 1940 musste der französische Generalgouverneur Decoux schließlich diesem Druck nachgeben und den Japanern Transitrechte, die Nutzung von vier Luftbasen sowie die Stationierung von 6000 Truppen in Tonkin zugestehen. 1941 rückten japanische Truppen auch in Südvietnam ein und besetzten Flughäfen, Hafenanlagen und andere Punkte, die für den weiteren japanischen Vormarsch in Südostasien von Nutzen waren. Die französische Kolonialverwaltung bestand zwar fort, doch war die Besetzung Indochinas durch die Japaner für die Franzosen mit einem erheblichen Prestigeverlust verbunden. Vor allem in den ersten Monaten nach dem Einmarsch japanischer Truppen kam es vor den Augen von Vietnamesen zu Demütigungen von Franzosen durch Japaner, die die Theorie von der «Überlegenheit der weißen Rasse über die Asiaten» Lügen strafte. Auch inspiriert durch das erfolgreiche Vorgehen japanischer Truppen gegen französische Stellungen in den nördlichen Grenzprovinzen kam es im September und Oktober 1940 in Bac Son in der Provinz Lang Son zu einem lokalen Aufstand gegen die französische

Kolonialverwaltung. Den Franzosen gelang es jedoch, mit harten Maßnahmen innerhalb kurzer Zeit «Ruhe und Ordnung» wiederherzustellen.

In Südvietnam hatte das Regionalkomitee der Partei bereits seit März 1940 einen Aufstand vorbereitet, für den vor allem einheimische Kolonialtruppen, Arbeiter im Raum Saigon-Cholon und arme Bauern und Landarbeiter im Mekong-Delta mobilisiert werden sollten. Das Zentralkomitee der KPI hatte sich zwar auf einer Sitzung in Hanoi im November 1940 gegen einen Aufstand ausgesprochen, doch diese Kunde erreichte die meisten Parteizellen im Süden zu spät. Die Franzosen, die durch Verhaftungen führender Parteikader und Erkenntnisse der Sûreté bestens über die Aufstandsvorbereitungen informiert waren, konnten den Aufstand an den meisten Orten bereits im Keim ersticken.

Auf französischer Seite waren lediglich drei Tote zu beklagen. Dagegen waren die Verluste, die die Partei während der folgenden Repressionswelle der Kolonialmacht erlitt, fürchterlich: Tausende kamen um, und bis zu 8000 Kader wurden verhaftet, von denen später viele in Kolonialgefängnissen starben oder exekutiert wurden. Fast hundert führende Kader wurden festgenommen und endeten vor dem Erschießungskommando, darunter Ha Huy Tap, der Komintern-Vertreter in der KPI, Generalsekretär Nguyen Van Cu, der bereits seit Januar 1940 in Haft saß, und Nguyen Thi Minh Khai, die Exfrau von Nguyen Ai Quoc.

Le Hong Phong, der frühere Erste Sekretär der Partei, starb 1942 auf der Gefängnisinsel Poulo Condore (Con Dao) an den Folgen der Folter durch die Franzosen. Andere führende Parteikader wie Le Duan blieben noch bis 1945 in Haft. Mit der fast völligen Auslöschung der Parteiführung in Vietnam verschob sich der Schwerpunkt des Parteizentrums nach Südchina, wo Nguyen Ai Quoc seit längerem versuchte, eine neue Parteigruppe aufzubauen. Nach dem Tod von Ha Huy Tap und Le Hong Phong war Nguyen Ai Quoc der einzige in Moskau ausgebildete vietnamesische Kader, in dessen Führungsqualitäten die Komintern Vertrauen hatte. Die Säuberung des Parteiapparates in Cochinchina hatte außerdem längerfristig eine Schwerpunktverlagerung der Parteitätigkeit nach Nordvietnam zur Folge.[2]

Nach seiner Abreise aus Moskau im Herbst 1938 hatte Nguyen Ai Quoc zunächst einige Wochen in der Nähe von Yan'an, der Widerstandsbasis der chinesischen KP, verbracht. Im Anschluss reiste er nach Guilin in der Provinz Guangxi, wo er im Hauptquartier der achten Armee der KPC als «Sanitätsoffizier», Journalist und Übersetzer unter dem Namen «Hu Guang» tätig war. Über Artikel, die in der legal von der KPI in Hanoi herausgegebenen Zeitung *Notre Voix* erschienen, versuchte er, Kontakt mit der Partei in Vietnam aufzunehmen. Dies gestaltete sich jedoch schwierig. Nguyen Ai Quocs Aktivitäten in China «passen nicht zum Bild eines gefeierten kommunistischen Führers, der nach Hause zurückkehrt, um die Zügel der Macht in der Partei zu übernehmen».[3]

Während sich die Parteiführung in Vietnam über die richtige Haltung gegenüber «reformistischen bürgerlichen Parteien» zerstritt, schrieb Nguyen Ai Quoc in China Kriegspropaganda gegen die Japaner, um die Kampfmoral der Chinesen aufzubauen. Im November 1939 ging er nach Chongqing, der Interimshauptstadt Chiang Kaicheks, um im dortigen Verbindungsbüro der KPC um Unterstützung zu bitten. Er traf dort Zhou Enlai wieder, den er bereits aus seiner Zeit in Paris kannte. Wenige chinesische Kader wussten allerdings um die wahre Identität Nguyen Ai Quocs. Ab Frühjahr 1940 hielt er sich in Kunming, der Hauptstadt der Provinz Yunnan, auf. Hier gewann er in den folgenden Monaten, vor allem unterstützt durch die Parteimitglieder Vo Nguyen Giap, Hoang Van Hoan und Pham Van Dong, das Vertrauen verschiedener Gruppen antikolonialistischer Vietnamesen.

Bei seinen Reisen in dem von den Kuomintang kontrollierten Gebiet benutzte Nguyen Ai Quoc verschiedene Verkleidungen, Decknamen und Reisedokumente, um seine tatsächliche Identität als Komintern-Agent vor den Nationalchinesen und einigen nationalistischen Vietnamesen zu verschleiern. In einer Kleinstadt in der Nähe der vietnamesisch-chinesischen Grenze trat er beispielsweise als buddhistischer Mönch auf. Als er gebeten wurde, bei einem Begräbnis die buddhistischen Riten zu vollziehen, ließ er sich nichts anmerken, ging in die Pagode, setzte sich vor den Altar und gab vor, buddhistische Texte zu singen. Tatsächlich handelte es sich um revolutionäre Lieder.

Nachdem Nguyen Ai Quoc auf der chinesischen Seite der Grenze genügend Kontakte aufgebaut hatte, war es sein nächstes Ziel, eine geheime und sichere Basis auf der vietnamesischen Seite zu errichten. Ende 1940/Anfang 1941 organisierte er in direkter Nähe zur vietnamesischen Grenze für rund vierzig ausgewählte Nationalisten politische Trainingskurse. Der altgediente Revolutionär lehrte die jungen Kader, dass sie sich mit den Sitten und Gebräuchen der lokalen Bevölkerung vertraut machen, die lokale Sprache lernen, sich Kenntnisse über Propagandatechniken aneignen und allgemein alles tun sollten, um das Vertrauen der autochthonen Bevölkerung zu gewinnen. Im Januar 1941 traf Nguyen Ai Quoc drei wichtige Kader des Zentralkomitees der KPI: Truong Chinh, den amtierenden Generalsekretär, Hoang Van Thu und Hoang Quoc Viet. Wegen seiner Schlüsselrolle bei der Gründung der Partei 1930 und seiner langjährigen Tätigkeit für die Komintern erkannte die Gruppe die Führung Nguyen Ai Quocs an. Dieser erhob jedoch keinen Anspruch auf den Posten des Parteichefs, sondern blieb bewusst außerhalb der Parteistrukturen, um so freier agieren zu können. Anfang Februar 1941 betrat Nguyen Ai Quoc mit seiner Gruppe in der Tracht der lokalen Nung-Minderheit wieder vietnamesischen Boden – dreißig Jahre, nachdem er in Saigon auf einem französischen Frachter angeheuert hatte.[4]

9 «Ho mit starkem Willen und Intelligenz» Gründung der Viet Minh und Haft in China (1941–1944)

Zurück in Vietnam, organisierte Nguyen Ai Quoc den Aufbau einer Guerillabasis in der unzugänglichen Bergwelt der Provinz Cao Bang. Danach nahm er eine strategische Neuorientierung der Politik der KPI vor. Die Beschlüsse, die im Mai 1941 auf dem 8. Plenum des Zentralkomitees in Pac Bo gefasst wurden, trugen seine Handschrift. Seit 1930 hatte die Führung der KPI den «antiimperialistischen» und den «antifeudalen Kampf» als eng miteinander verwobene Ziele angesehen. Demnach konnte der antiimperialistische Kampf nur erfolgreich sein, wenn auch die Reste des Feudalismus beseitigt würden; somit hing die antifeudale Revolution von einem erfolgreichen antiimperialistischen Kampf ab. Gemäß der Resolution des 8. Plenums mussten die beiden Aufgaben nicht mehr gleichzeitig durchgeführt werden: «Die indochinesische Revolution ist gegenwärtig nicht länger eine bürgerlich-demokratische Revolution, die die antiimperialistischen und agrarischen Probleme löst. Stattdessen ist sie eine Revolution, die nur ein dringendes Problem löst, das der nationalen Befreiung. Die indochinesische Revolution ist deshalb in dieser Zeit eine Revolution der nationalen Befreiung.»[1] Die Propagierung von Forderungen wie dem Sturz der Großgrundbesitzerklasse und der Verteilung des Landes an die armen und landlosen Bauern – so die Argumentation – würde jedoch patriotische Großgrundbesitzer nur in die Arme der Feinde treiben.

Das alte Zentralkomitee der KPI hatte der nationalen Frage bereits Ende der dreißiger Jahre größere Bedeutung zugemessen, doch erst nach der Rückkehr Nguyen Ai Quocs konnte sich die Partei dazu durchringen, den Klassenkampf und die Lösung der Agrarfrage auf unbestimmte Zeit zugunsten der nationalen Befreiung zu verschieben. Dies war allerdings ein taktischer Schachzug und bedeutete keine Änderung der langfristigen Parteistrategie. Die KPI sah die Arbeiterklasse unverändert als führende revolutionäre Kraft an, auch wenn diese in Vietnam zahlenmäßig klein war und die meisten Parteiführer selbst keinen proletarischen Hintergrund hatten.[2]

Die Herunterstufung des Klassenkampfes kam auch in den Organisationsprinzipien der «Liga für die Unabhängigkeit Vietnams» *(Viet Nam Doc Lap Dong Minh Hoi)* zum Ausdruck, die auf dem Plenum gegründet wurde. In der *Viet Minh*, wie die Einheitsfront kurz genannt wurde, sollten alle patriotisch gesinnten Vietnamesen ungeachtet ihrer jeweiligen Klassenzugehörigkeit im Kampf gegen die Japaner und die Franzosen vereint werden. In der Praxis stellte die Viet-Minh-Front einen Verbund von Massenorganisationen dar, die als «nationale Rettungsvereinigungen» verschiedene politische Gruppen und Berufsgruppen repräsentierten. Die Kommunistische Partei hielt sich dabei im Hintergrund, besetzte aber Schlüsselpositionen innerhalb der Viet Minh mit eigenen Kadern, um die Einheitsfront zu kontrollieren.

Nach dem Prinzip «Mehr Freunde, weniger Feinde» *(them ban, bot thu)* versuchte die KPI in dieser Phase, nicht nur im eigenen Land, sondern auch im Ausland möglichst viele Verbündete im Kampf gegen die Japaner und die Franzosen zu gewinnen. Im Mai 1941 stufte die Partei die chinesischen Nationalisten und die Sowjetunion als «direkte Nachhut» und andere «antifaschistische Kräfte» in Europa und im Pazifik als «indirekte Nachhut» im Kampf ein. Im weiteren Kriegsverlauf kristallisierten sich somit auch die USA als möglicher Alliierter im Kampf gegen Japan heraus. Auch diese neue außenpolitische Orientierung war das Werk Nguyen Ai Quocs.[3]

Nach zehn Jahren politischen Schattendaseins war er damit wieder an der Spitze der Partei angelangt. Dass er 1941 ein neues Programm durchsetzen konnte, das in erster Linie die nationale Befreiung betonte, war nicht nur der veränderten internationalen Situation zu verdanken – mit dem Einmarsch der Japaner war auch Vietnam in den Zweiten Weltkrieg hineingezogen worden –, sondern auch der Ausschaltung von Ha Huy Giap, Le Hong Phong, Nguyen Van Cu und anderen Parteiführern, die noch in den dreißiger Jahren Nguyen Ai Quocs «Rechtsopportunismus» und zu starke Betonung der nationalen Frage kritisiert hatten.

Die im Mai 1941 unter der Ägide von Nguyen Ai Quoc verabschiedeten Beschlüsse bestimmten in den kommenden Jahren die Politik der KPI und der Viet Minh. Das neue Programm konnte allerdings nicht gleichmäßig in ganz Vietnam verbreitet werden. Außerdem sollten die folgenden Jahre zeigen, dass es innerhalb der Partei nach wie vor Widerstand gegen Nguyen Ai Quocs pragmatische Einheitsfrontstrategie für die nationale Unabhängigkeit gab.[4]

Nach dem 8. Plenum konzentrierte sich Nguyen Ai Quoc auf die Propagierung der neuen Strategie und die Ausbildung neuer Kader. Seine Schüler kamen zunächst vor allem aus den umliegenden Distrikten. Sie wussten nicht, dass sich hinter dem in der Tracht der Nung gekleideten Lehrer der mysteriöse Nguyen Ai Quoc verbarg. Den Unterrichtsstoff vermittelten Nguyen Ai Quoc und andere Lehrer in bewusst einfach gehaltenen Sätzen, sie verwendeten eingängige populäre Bilder, die sowohl von ethnischen Vietnamesen *(Kinh)* als auch von Angehörigen nationaler Minderheiten verstanden wurden.

Der «Brief aus dem Ausland», den Nguyen Ai Quoc kurz nach der Gründung der Viet Minh schrieb, ist ein typisches Beispiel für eine Form von Propaganda, die an die nationalistischen Schriften von Gelehrten wie Phan Boi Chau zu Beginn des 20. Jahrhunderts erinnerte. Im Gegensatz zur noch von klassenkämpferischen Parolen bestimmten Propaganda der Partei in den dreißiger Jahren tauchte das Wort «Sozialismus» nun nicht mehr auf.[5] Stattdessen wurde die nationale Widerstandstradition jetzt wieder stärker betont. Dies kam noch deutlicher in Nguyen Ai Quocs «Geschichte unseres Landes»[6] und in vielen Beiträgen in der Zeitung *Viet Nam Doc Lap* («Das unabhängige Vietnam») zum Ausdruck. So erinnerte er in seinem programmatischen Artikel «Wir müssen unsere Geschichte studieren» *(Nen hoc su ta)* vom Februar 1942[7] an Nationalheroen wie Tran Hung Dao, Le Loi, Ly Thuong Kiet, Phan Dinh Phung und Hoang Hoa Tham, die sich der Besetzung Vietnams durch fremde Mächte wie China und Frankreich widersetzt hatten. Gleichzeitig versuchte Nguyen Ai Quoc Nationalismus und Internationalismus miteinander zu verbinden. Dies wird in seinem Gedicht «Majestätisches Pac Bo» deutlich:

Weit entfernte Berge, weit entferntes Wasser.
Sie müssen nicht grandios sein und tragen doch einen Namen.
Hier der Bach Lenin, dort der Berg Marx.
Beide Seiten bilden ein Land.[8]

«Berge» und «Wasser» sind in der vietnamesischen Mythologie häufig verwendete Symbole. Lac Long Quan, der Fürst des Meeres, und Au Co, die Fürstin der Berge, gelten als Urahnen des vietnamesischen Volkes. Aus der Verbindung von Wasser und Bergen, jetzt mit den neuen Namen Lenin und Marx, kann ein neues Land entstehen.[9]

Trotz dieser Anrufung von Lenin und Marx waren die Viet Minh und die Kommunistische Partei jedoch praktisch vom Zentrum der kommunistischen Weltbewegung isoliert: Von 1941 bis 1947 gab es keine Kontakte nach Moskau.

Im August 1942 überquerte Nguyen Ai Quoc wieder die Grenze zu China, um Kontakt mit den Kuomintang und der Kommunistischen Partei Chinas aufzunehmen. Er verkleidete sich als Wahrsager und marschierte nur nachts. Seine Ausweispapiere, ausgestellt auf einen auslandschinesischen Journalisten namens «Ho Chi Minh» («Ho mit starkem Willen und Intelligenz»), waren allerdings abgelaufen. Dies wurde Ho Chi Minh, wie sich Nguyen Ai Quoc bis an sein Lebensende nennen sollte, zum Verhängnis. Kuomintang-Polizisten, die ihn kontrollierten, vermuteten in ihm einen japanischen oder französischen Spion und nahmen ihn gefangen. Damit begann für Ho Chi Minh eine lange Leidenszeit. Fast ein Jahr lang wurde er von einem Gefängnis der südchinesischen Provinz Guangxi zum nächsten geschleppt. Über seine Haft, die er zusammen mit gemeinen Verbrechern verbringen musste, geben seine im klassischen Chinesisch verfassten Gedichte Auskunft, die später als «Gefängnistagebuch» *(Nhat ky trong tu)* eine breite Leserschaft fanden.[10]

Die Nachricht von seiner Festnahme gelangte schnell zu seinen Freunden im Hauptquartier der Viet Minh in Pac Bo, die versuchten, eine internationale Unterstützungskampagne für Ho Chi Minh zu organisieren. Auch Zhou Enlai, der Leiter des KPI-Verbindungsbüros in Chongqing, setzte sich für Ho Chi Minh ein. Dank dieser Bemühungen wurde Ho Chi Minh im Mai 1943 in das Liuchou-Militärgefängnis verlegt und erhielt den Status eines politischen Gefangenen, was mit vielen Erleichterungen verbunden war. Er bekam bessere Verpflegung, durfte sich frei in der Zelle bewegen und erhielt Bücher und Zeitungen. General Chang Fakwei, der Oberbefehlshaber der vierten Kuomintang-Armee, ließ Ho Chi Minh schließlich im September 1943 aus politischen Überlegungen aus dem Gefängnis entlassen und unter eine Art Hausarrest stellen. Ho Chi Minh sollte ihn bei der Bildung einer neuen nationalistischen Organisation, der sogenannten Revolutionären Liga Vietnams *(Viet Nam Cach menh Dong minh Hoi)*, unterstützen. Erst ein Jahr später, im August 1944, durfte Ho Chi Minh nach Vietnam zurückkehren.[11]

10 «Wir müssen schnell handeln!» Ho Chi Minh und der Weg in die Unabhängigkeit (1944–1945)

Für seine Kameraden in Pac Bo war Ho Chi Minhs Verhaftung ein schwerer Schlag. Zeitweise glaubten sie sogar Gerüchten, dass er in einem chinesischen Gefängnis gestorben sei.

Während Ho Chi Minhs Abwesenheit versuchten die Viet Minh, weitere Zellen in den Gebirgsprovinzen Bac Kan, Cao Bang und Lang Son aufzubauen. Vor allem die Rekrutierung von Anhängern unter den ethnischen Minderheiten gestaltete sich zu Anfang schwierig. Doch Ende 1943 hatten die Aktivitäten der Viet Minh ein solches Ausmaß angenommen, dass die französischen Kolonialbehörden reagieren mussten: Die Kontrollen wurden verschärft, auf Führer der Viet Minh Kopfgelder ausgesetzt und ganze «Viet-Minh-Dörfer» dem Erdboden gleichgemacht. Als Folge mussten viele Führer der Viet Minh in den Untergrund gehen. Das Netzwerk von sicheren Häusern, Informanten und lokalen Führern im Viet Bac war großenteils zerstört worden, und viele Anhänger zeigten sich demoralisiert.

Währenddessen war Truong Chinh, der Generalsekretär der Partei, im Delta des Roten Flusses unter noch schwierigeren Bedingungen tätig. Zwar gelang es, vor allem in der an Hanoi angrenzenden Provinz Ha Dong Parteizellen aufzubauen, doch wurde die Bevölkerung in den urbanen Zentren Nordvietnams, Hanoi, Haiphong und Nam Dinh, erst Anfang 1944 auf die neue politische Kraft aufmerksam, als sich das Kriegsglück gegen die Achsenmächte gewendet hatte. Nun erschienen die Aufrufe der Viet Minh, die Unabhängigkeit zu erlangen, wenn die Alliierten Indochina besetzten, näher an der Wirklichkeit.

Im Süden des Landes konnten sich die örtlichen Komitees der Partei nur langsam von den katastrophalen Folgen des fehlgeschlagenen Aufstandsversuches von 1940 erholen. Von Dezember 1940 bis Ende Juni 1945 bestanden zwischen dem Regionalkomitee der KPI und dem Ständigen Büro der KPI in Tonkin keine Kontakte. Zudem weigerten sich viele, den auf dem 8. Plenum auf Initiative von Ho Chi Minh beschlossenen Strategiewechsel zu vollziehen. So übernahmen zwar einige lokale Parteizellen die Bezeichnung «Viet Minh», propagierten aber unverändert den Klassenkampf und eine allgemeine Umverteilung des Grundbesitzes und betonten den proletarischen Hintergrund ihrer Anhänger – ganz im Gegensatz zur Einheitsfrontlinie, die an alle patriotischen Vietnamesen ungeachtet ihrer Klassenzugehörigkeit appellierte.

Mitte 1944 konnten die Viet Minh im Viet Bac im Norden ihre zuvor von den Franzosen zerstörten Netzwerke wieder aufbauen. Der bevorstehende Zusammenbruch der Vichy-Regierung in Frankreich würde auch eine Schwächung der französischen Kolonialverwaltung unter dem Vichy-treuen Generalgouverneur Decoux bedeuten, und so glaubten die regionalen KPI-Komitees von Bac Can, Cao Bang und Lang Son im Juli 1944, dass nunmehr die Zeit für einen allgemeinen Aufstand gekommen sei. Sie begannen Vorbereitungen zu treffen. Als Ho Chi Minh im August 1944 aus China zurückkehrte, befahl er jedoch sofort, den Aufstand zu verschieben und zunächst den Ausbau der Viet Minh weiterzuführen. So bildete Vo Nguyen Giap im Dezember 1944 die erste Einheit der «Vietnamesischen Propaganda- und Befreiungsarmee», die den Grundstock einer regulären Armee darstellte. Die ersten Angriffe auf französische Stellungen im Grenzgebiet ab Ende 1945 waren erfolgreich und erhöhten das Prestige der Viet Minh in der Region.[1]

In einem Brief vom Oktober 1944 hatte Ho Chi Minh seine Landesleute ermahnt: «Die Gelegenheit zur nationalen Befreiung ist nur in einem Jahr oder eineinhalb Jahren gegeben. Die Zeit rennt davon! Wir müssen schnell handeln!»[2]

Die günstige Gelegenheit zum Handeln *(thoi co)* war gekommen, als die japanisch-französische Allianz im März 1945 zusammenbrach und sich damit die Situation in Indochina dramatisch

4 Ho Chi Minh mit Mitgliedern des Deer Teams, 1945. In der Mitte ist der Leiter des Deer Teams, Allison Thomas, zu sehen. Zu seiner Rechten steht Ho Chi Minh, zu seiner Linken Vo Nguyen Giap.

zugunsten der Viet Minh veränderte. Am 9. März 1945 wurde die französische Kolonialverwaltung von den Japanern aufgelöst und die Kolonialarmee entwaffnet. Damit war die mehr als achtzig Jahre währende französische Kolonialherrschaft über Nacht zusammengebrochen und ein Machtvakuum entstanden, das die Viet Minh in den folgenden Monaten nutzen konnten.

Getreu dem 1941 verabschiedeten Grundsatz «Mehr Freunde, weniger Feinde» profitierten sie auch von den guten Verbindungen mit dem Office of Strategic Services (OSS), dem Vorgänger des CIA, die Ho Chi Minh seit Anfang des Jahres 1945 geknüpft hatte.

Die US-Botschaft in Chongqing war zum ersten Mal Ende 1942 auf Ho Chi Minh aufmerksam geworden, als in chinesischen Zeitungen über die Verhaftung eines Vietnamesen namens «Ho Chih Chi» berichtet wurde. Nachdem Ho Chi Minh aus dem Kuomintang-Gefängnis entlassen worden war, unterhielt er Kontakte mit dem örtlichen U. S. Office of War Information.

Ende 1944 retteten lokale Viet Minh den US-Piloten Rudolph Shaw, der aufgrund technischer Probleme mit seinem Flugzeug mit dem Fallschirm über vietnamesisch-chinesischem Grenzgebiet abspringen musste. Als die Gruppe nach einem langen Marsch schließlich das Hauptquartier der Viet Minh in Pac Bo erreichte, war Shaw überrascht und erleichtert, als sich ein älterer, hager aussehender Vietnamese in fließendem Englisch nach seinem Befinden erkundigte – Ho Chi Minh. Dieser erkannte die Gunst der Stunde und brachte den geretteten Piloten persönlich nach Kunming zurück. Seine Bitte, General Chennault zu treffen, den legendären Kommandeur der «Flying Tigers», einer US-Luftstaffel, die die Kuomintang im Kampf gegen die Japaner unterstützte, wurde zunächst abgelehnt.

Ho Chi Minh blieb aber erst einmal in Kunming. Nach dem japanischen Coup d'état vom März 1945, der die US-Stellen in Südchina von ihren Kontakten in Vietnam abschnitt, zeigte die amerikanische Seite dann Interesse an einer Zusammenarbeit mit den Viet Minh. So kam es im März 1945 in Kunming zu mehreren Treffen zwischen dem örtlichen OSS-Agenten Charles Fenn und Ho Chi Minh. Fenn zeigte sich von Ho Chi Minh beeindruckt, schenkte ihm einige Pistolen aus OSS-Beständen und willigte ein, als Gegenleistung für Informationen der Viet Minh über japanische Truppenbewegungen in Pac Bo eine Funkstation einrichten zu lassen. Außerdem nahm er «Ho Tchih Ming» beziehungsweise den «alten Mann Ho» unter dem Decknamen «Lucius» in seine Liste von OSS-Agenten auf.

Ende März wurde Ho Chi Minh schließlich von General Chennault empfangen. Das Gespräch beschränkte sich auf den Austausch von Höflichkeiten, doch erhielt Ho Chi Minh auf seinen Wunsch hin von Chennault ein signiertes Foto. Dieses Geschenk hatte hohen symbolischen Wert. Nach seiner Rückkehr präsentierte Ho Chi Minh seinen Anhängern das Foto als Beweis für die US-Unterstützung. Die heißbegehrten amerikanischen Pistolen verteilte er gezielt an ihm ergebene Viet-Minh-Kader. Mitte April 1945 traf Archimedes Patti, der neue stellvertretende OSS-Chef in China, mit Ho Chi Minh zusammen. Auch auf Patti machte Ho Chi Minh durch seine Aufrichtigkeit, Redegewandtheit und Intelligenz Eindruck. Nachdem nun eine gemeinsame Vertrauensbasis geschaffen war, nahm die Kooperation auch konkretere Formen an. Im Mai sandte das OSS eine erste Lieferung mit Waffen, Munition, Funkgeräten und Medizin an die Viet Minh. Ende Mai 1945 sprang eine Gruppe von OSS-Agenten, das sogenannte «Deer Team», über Tan Trao, dem neuen Viet-Minh-Hauptquartier in der Provinz Tuyen Quang ca. 150 km von Hanoi, ab. Sie versorgten Ho Chi Minh, der an Malaria und Ruhr litt, mit Medikamenten. Auf Fragen der OSS-Agenten nach seinem politischen Hintergrund gab Ho Chi Minh ausweichende Antworten. In den folgenden Wochen widmete sich das «Deer Team» der militärischen Ausbildung der Viet Minh. Für die Viet Minh und Ho Chi Minh war die Präsenz der OSS-Agenten mit einem großen Prestigegewinn verbunden.[3]

Nach der Entwaffnung der Kolonialtruppen und der Auflösung der französischen Kolonialverwaltung im März 1945 waren die Viet Minh nach und nach aus ihren Widerstandsbasen in den nördlichen Gebirgsregionen in das Delta des Roten Flusses eingesickert. Im Frühjahr 1945 war die Viet Minh die einzige politische Kraft, die den Kampf gegen die verheerende Hungersnot aufnahm, die bereits seit dem Winter 1944/45 im Norden und im nördlichen Teil Zentralvietnams wütete. Diese Hungersnot hatte natürliche Ursachen – Missernten im Jahr 1944 aufgrund von Trockenheit, Insektenplagen und Taifunen. Ein weiterer wichtiger Faktor war jedoch die harte Politik der Franzosen und Japaner, die trotz der katastrophalen Ernteergebnisse von den Bauern unverändert hohe Reisabgaben verlangten und zudem große Mengen Reis horteten. Die Versorgungslage hätte sich verbessern können, wenn überschüssiger Reis aus dem Mekong-Delta nach Norden gebracht worden wäre, doch die Transportwege waren durch alliierte Bombardements in Mitleidenschaft gezogen worden. Außerdem waren weder die Japaner noch die Franzosen bereit, ihre Transportmittel zur Verfügung zu stellen. So trafen die Aufrufe der Viet Minh, auf weitere Reisabgaben zu verzichten und auf die Öffnung der Reisspeicher zu drängen, bei den Bauern auf offene Ohren. Trotz der verzweifelten Bemühungen nahm die Hungersnot in vielen Distrikten Tonkins und Annams apokalyptische Ausmaße an – insgesamt starben rund eine Million Menschen.[4]

Am 15. August 1945 kapitulierte Japan. Einen Tag später kamen die Viet Minh zu einem Nationalen Volkskongress im neuen Hauptquartier in Tan Trao zusammen. Nach einer kurzen Begrüßung der Anwesenden wurde Ho Chi Minh auf das Podium gerufen. Nur wenigen Kadern war bewusst, dass sich hinter diesem Ho Chi Minh der Gründer der KPI und langjährige Komintern-Agent Nguyen Ai Quoc verbarg. Zu keinem Zeitpunkt während des Kongresses wurde die wahre Identität Ho Chi Minhs enthüllt. Das Verschweigen seiner kommunistischen Vergangenheit war in den darauffolgenden Jahren offizielle Politik und trug zum Mythos Ho Chi Minhs bei.

Auf dem Kongress verbreitete Ho Chi Minh, der zum Vorsitzenden eines Nationalen Befreiungskomitees, der Vorstufe einer neuen Regierung, gewählt worden war, Siegesgewissheit, warnte aber auch, dass Konzessionen gegenüber den Franzosen notwendig sein könnten, um die Unabhängigkeit zu erreichen. In einem Brief rief er seine Landsleute zum allgemeinen Aufstand auf.[5]

Ab Mitte August 1945 übernahmen die Viet Minh die Macht in Vietnam. Die «Augustrevolution» wird in der parteioffiziellen Historiographie in Vietnam bis heute als Ergebnis eines wohlorganisierten «Masterplans» der Kommunistischen Partei dargestellt, die den Wunsch der Mehrheit des vietnamesischen Volkes nach nationaler Unabhängigkeit erfüllt habe.

Tatsächlich war die Machtübernahme jedoch mehr dem Zufall und der Improvisationskunst der Viet Minh als der systematischen Durchführung eines detaillierten Plans zum Sturz der französischen Kolonialherrschaft geschuldet. Auch war der Sieg der Viet Minh alles andere als eindeutig, und die Lage variierte von Region zu Region. In einigen Distrikt- und Provinzstädten übernahmen selbsternannte Viet-Minh-Verbände die Macht, die gar keine klare

Vorstellung von der Organisation der Viet Minh hatten. Vor allem im Süden war der Parteiapparat der Kommunistischen Partei noch stark durch den fehlgeschlagenen Aufstand von 1940 geschwächt und musste mit anderen Parteien und den mächtigen Sekten *(Cao Dai, Hoa Hao)* konkurrieren.[6]

Erst am 26. August 1945 traf Ho Chi Minh in Hanoi ein – dies war das erste Mal überhaupt, dass der Revolutionär aus der zentralvietnamesischen Provinz Nghe An die Stadt betrat. Während er versuchte, sich in Gesprächen mit Patti, dem Vertreter des OSS in Hanoi, Klarheit über die Politik der USA und der anderen Alliierten in Indochina zu verschaffen, nahm ein neuer Staat bereits erste Konturen an. Am 24. August 1945 wurde die Bildung der ersten provisorischen Regierung verkündet – mit Ho Chi Minh an der Spitze und einer Reihe von nichtkommunistischen Ministern. Auf der ersten Kabinettssitzung wurde der 2. September als Tag der Unabhängigkeitserklärung festgelegt. Mit der Abdankung von Kaiser Bao Dai in Hue am 30. August und der Aushändigung seines Siegels an Tran Huy Lieu, den Repräsentanten der Viet Minh, war die Machtübernahme auch symbolisch vollzogen und das «Mandat des Himmels» auf die neue Regierung übergegangen.

Wie geplant, fanden die Unabhängigkeitsfeierlichkeiten am 2. September 1945 statt. Als Ort hatten die Viet Minh den Place Puginier in der Nähe des französischen Gouverneurspalastes ausgewählt, der später in Ba-Dinh-Platz umbenannt wurde. Ho Chi Minh und sein Kabinett standen auf einem extra errichteten Podest, von dem die Viet-Minh-Flagge wehte – ein goldener Stern auf rotem Grund. Während die anderen Kabinettskollegen westliche Anzüge trugen, hatte sich Ho Chi Minh für einen ausgeblichenen Khakianzug mit Stehkragen und schwarze Gummisandalen entschieden. In den folgenden fünfundzwanzig Jahren sollte dies seine Amtstracht bleiben.

Nach der Vorstellung durch Innenminister Vo Nguyen Giap übernahm Ho Chi Minh das Wort. Seine Rede, die er einige Tage zuvor noch vom OSS-Vertreter Patti hatte «gegenlesen» lassen, begann mit dem Satz: «Alle Menschen sind gleich erschaffen» – ein

Zitat aus der amerikanischen Unabhängigkeitserklärung von 1776. Außerdem übernahm er Passagen aus der Erklärung der Menschen- und Bürgerrechte in der französischen Verfassung von 1791.

Nach wenigen Sätzen wandte sich Ho Chi Minh direkt an das Publikum. Auf seine Frage: «Landsleute, könnt ihr mich deutlich verstehen?», ertönte der vielstimmige Schrei seiner Zuhörer: «Deutlich!» Damit – so die Schilderungen von Augenzeugen – hatte Ho Chi Minh ein Band zur Menge hergestellt: «Onkel [Ho] und das Menschenmeer waren eins.»[7]

Das Anknüpfen an die amerikanische Unabhängigkeitsbewegung und die Französische Revolution stellten auch eine diplomatische Verbeugung vor den USA und Frankreich dar. Dann aber kontrastierte Ho Chi Minh die heeren Ideale von Freiheit, Gleichheit und Brüderlichkeit mit der Wirklichkeit des französischen Kolonialregimes in Indochina. Danach kündigte er alle Verträge mit Frankreich, erklärte alle Rechte und Privilegien, die die Franzosen bislang in Vietnam genossen hatten, für unwirksam und rief die Demokratische Republik Vietnam aus. Mit der Ernennung zum ersten Präsidenten eines unabhängigen vietnamesischen Staates wurde Ho Chi Minh zum Symbol der Revolution.[8]

11 «Ich habe euch nicht verkauft!» Kompromisssuche mit Frankreich (1945–1946)

In seiner Unabhängigkeitserklärung hatte Ho Chi Minh die Alliierten aufgefordert, das Selbstbestimmungsrecht des vietnamesischen Volkes zu respektieren. Wenn nicht – so der Präsident mit drohendem Unterton –, seien alle Vietnamesen bereit, ihren Besitz und ihr Leben für Freiheit und Unabhängigkeit zu opfern.

Tatsächlich hatte der Kampf um die Unabhängigkeit Vietnams erst begonnen. Einige Monate nachdem der Text der Unabhängigkeitserklärung in Paris eingetroffen war, fällte ein französischer Beamter ein sarkastisches Urteil über ihren Inhalt: «eine Kombination von angelesenem Internationalismus und chauvinistischem Patriotismus, eine Mischung aus intellektuellem Marxismus und sozialen Forderungen, die genau den Hoffnungen eines Teils der rückständigen Massen dieser Deltagebiete entspricht.»[1]

Die französische Regierung zeigte sich fest entschlossen, ihre Kolonialherrschaft über Indochina wieder zu etablieren. Dabei konzentrierte sie ihre Bemühungen zunächst auf Cochinchina, den südlichen Teil Vietnams. Hier profitierte sie von der hohen Kooperationsbereitschaft der britischen Streitkräfte unter General Douglas Gracey, die gemäß den Bestimmungen des Potsdamer Friedensabkommens in Vietnam südlich des 16. Breitengrades für die Entwaffnung der Japaner zuständig waren. Bereits im Oktober 1945 landeten die ersten französischen Einheiten im Süden und begannen mit der Rückeroberung Cochinchinas, des Hochlandes und des südlichen Teils von Zentralvietnam – zum Teil unterstützt von britischen Verbänden und diesen unterstellten wiederbewaffneten japanischen Soldaten. Als die letzten Briten im März 1946 abzogen, hatten die Franzosen große Teile des für sie wirtschaftlich wichtigen Cochinchina unter ihre Kontrolle gebracht.

Im Norden sah die Lage anders aus. Hier waren am 9. September die ersten nationalchinesischen Truppen eingetroffen, die die japanischen Militäreinheiten nördlich des 16. Breitengrades entwaffnen sollten. In ihrem Gefolge waren führende Mitglieder nichtkommunistischer nationalistischer Parteien wie der *Viet Nam Quoc Dan Dang* (VNQDD, Nationalistische Partei Vietnams) und *Dong Minh Hoi* (Revolutionäre Liga Vietnams), die Ho Chi Minh in Pressekampagnen als Kommunisten und Komintern-Agenten darstellten, der bereit sei, sein Land an die Franzosen zu verkaufen. Die Spannungen zwischen den rivalisierenden Parteien nahmen immer mehr zu und entluden sich in der Entführung und Ermordung von politischen Gegnern.

Als vor allem die VNQDD den Druck auf die Viet Minh erhöhte und ein Coup d'état der militärisch überlegenen Kuomintang in Nordvietnam nicht mehr auszuschließen war, reagierte Ho Chi Minh mit der Selbstauflösung der KPI am 11. November 1946. Zwar blieben die Strukturen der Kommunistischen Partei im Geheimen erhalten, doch diese Selbstauflösung war eine in der kommunistischen Weltbewegung (fast) einzigartige Maßnahme, die nur von Teilen der KPI getragen wurde und bei anderen kommunistischen Parteien auf Unverständnis traf.[2] Sie war nicht nur ein taktischer Schritt zur Beruhigung der Kuomintang-Führung in Nordvietnam, sondern diente auch dazu, die Unterstützung des Bürgertums, der Großgrundbesitzer und der Katholiken in der Auseinandersetzung mit den Franzosen zu gewinnen.

Um ihre Macht zu konsolidieren, spielte die Regierung der Demokratischen Republik Vietnam die Rolle der Kommunistischen Partei und die lange Komintern-Karriere von Präsident Ho Chi Minh herunter. Radikale sozialistische Reformen wurden zurückgestellt zugunsten moderater Maßnahmen wie der Reorganisierung des Gemeindelandsystems, der Senkung der Pachtgebühren und Verwaltungsreformen auf Dorfebene, die den armen Bauern mehr Einflussmöglichkeiten gaben. Außerdem versuchte Ho Chi Minh, vor allem die ländliche Bevölkerung durch Massenalphabetisierungskampagnen zu mobilisieren. Die konkurrierenden nationalistischen

Parteien wurden in die Regierung eingebunden, allerdings erhielten ihre Vertreter im Kabinett keine Schlüsselpositionen.

Während sich also die Regierung Ho Chi Minh bemühte, durch eine moderate Einheitsfrontpolitik, die vor allem an das Nationalbewusstsein der Bevölkerung appellierte, auch den Rückhalt der städtischen und ländlichen Elite zu gewinnen, zeigte sich das andere Gesicht der vietnamesischen Revolution. 1945 und 1946 ermordeten die Viet Minh Tausende von politischen Gegnern, die als sogenannte «Volksverräter» eingestuft wurden. Darunter waren Persönlichkeiten wie Huynh Phu So, der geistige Führer der im Mekong-Delta einflussreichen volksbuddhistischen *Hoa-Hao*-Sekte, der Intellektuelle Pham Quynh, Ngo Dinh Khoi, ein Bruder des späteren südvietnamesischen Präsidenten Ngo Dinh Diem, und eine Reihe von Trotzkisten.

Ob die Eliminierung von «Gegnern der Revolution» von höchster Stelle angeordnet wurde, ist unklar. Wahrscheinlich ist, dass es sich eher um Aktionen lokaler Viet-Minh-Verbände ohne offizielle Sanktionierung der Regierung Ho Chi Minh handelte. In späteren Jahren warfen sich die Parteiführer allerdings sogar gegenseitig vor, im August 1945 zu wenige «Volksverräter» eliminiert zu haben. So kritisierte beispielsweise bereits 1946 der Parteivorsitzende Truong Chinh den seiner Meinung nach zu moderaten Verlauf der Augustrevolution, der in einem «Mangel an Härte bei der Unterdrückung konterrevolutionärer Elemente» zum Ausdruck gekommen sei. Außerdem müsse man schneller zum Aufbau des Sozialismus und zur Einleitung einer Landreform übergehen – in einer Phase, in der Ho Chi Minh sich noch nach Kräften um die Aufrechterhaltung einer Einheitsfront bemühte und von klassenkämpferischen Tönen Abstand nahm.[3]

Außenpolitisch war die Demokratische Republik Vietnam in dieser Phase weitgehend isoliert. Ho Chi Minhs Hoffnung, die alliierten Mächte würden die Rückkehr der französischen Kolonialherrschaft verhindern, erwies sich als trügerisch. Präsident Roosevelt hatte aus seiner Verachtung gegenüber dem französischen Kolonialismus keinen Hehl gemacht und zeitweise in Erwägung gezogen, Vietnam unter eine internationale Treuhänderschaft stellen zu lassen. Roosevelts Nachfolger Truman versicherte de Gaulle jedoch bereits im Sommer 1945, dass die Amerikaner einer Wiederherstellung der französischen Kolonialherrschaft nicht im Wege stehen würden. Die USA hatten kein Interesse daran, einen europäischen Staat zu schwächen, der ein Gegengewicht zur Sowjetunion darstellen sollte. Ho Chi Minhs illusorischer Glaube, die USA würden die Wiedererrichtung des französischen Kolonialreiches in Indochina verhindern, beruhte teilweise auf falschen Informationen von Patti und anderen ihm wohlgesinnten OSS-Agenten in Hanoi, denen er sich in erster Linie als Nationalist präsentiert hatte.

Diesen Eindruck versuchte Ho Chi Minh auch in seinem letzten Treffen mit Patti Ende September 1945 in Hanoi zu vermitteln. Er sei keine «Marionette Moskaus» und kein «internationaler Kommunist». Zwar sei er in Moskau ausgebildet worden, doch habe er dies mit langjähriger Parteiarbeit «zurückgezahlt». Er habe der Sowjetunion gegenüber keine weiteren Verpflichtungen. Tatsächlich habe die USA ihm mehr Unterstützung gewährt. Er sei ein «unabhängiger Politiker».[4] Diese manipulative Selbstdarstellung verschleierte Ho Chi Minhs enge ideologische Verbundenheit mit dem Kommunismus und zur Sowjetunion. Seine Behauptung, kaum sowjetische Hilfe erhalten zu haben, war jedoch durchaus zutreffend.

Bereits einige Tage vor seinem Gespräch mit dem OSS-Agenten Patti hatte Ho Chi Minh einen Brief an Stalin geschrieben und die sowjetische Führung über die Existenz Vietnams und den Kampf des vietnamesischen Volkes für die Unabhängigkeit von kolonialer Herrschaft informiert. In einem weiteren Brief bat Ho Chi Minh die Sowjetunion, die vietnamesische Frage vor die Vereinten Nationen zu bringen. Beide Schreiben blieben unbeantwortet – wie auch mehrere Briefe, die der Präsident an die US-Administration geschickt hatte.

Nach dem Zweiten Weltkrieg war die Demokratische Republik Vietnam – ob kommunistisch oder nicht – für die sowjetische

Außenpolitik nur von marginaler Bedeutung. Ihr Hauptaugenmerk lag stattdessen auf Europa und hier vor allem auf Frankreich, wo die Kommunistische Partei eine wichtige Rolle spielte. Zwar wandte sich der sowjetische Außenminister Molotow gegen die Wiederherstellung eines «Kolonialismus alten Stils» in Vietnam, doch blieb es bei diesen allgemein gehaltenen Solidaritätsbekundungen.[5]

Angesichts der französischen Präsenz in Südvietnam und Teilen Zentralvietnams und aufgrund der eigenen militärischen Schwäche sah sich Ho Chi Minh gezwungen, mit den Franzosen Verhandlungen aufzunehmen. Die französische Seite übte mit dem Hinweis auf parallel laufende Gespräche mit der nationalchinesischen Regierung, die auf eine Ersetzung der Kuomintang-Verbände in Nordvietnam durch französische Truppen hinausliefen, Druck auf die Regierung der Demokratischen Republik Vietnam aus.

Als die französische Flotte Anfang März 1946 unter General Leclerc in Haiphong vor Anker ging, musste Ho Chi Minh seinem französischen Verhandlungspartner Sainteny Konzessionen machen. Das Ergebnis war das vorläufige Abkommen vom 6. März 1946: Frankreich erkannte Vietnam als «freien Staat» innerhalb der Französischen Union an. In einem Referendum sollte entschieden werden, ob Cochinchina, wo die Hauptwirtschaftsinteressen der Franzosen lagen, Teil eines vereinigten vietnamesischen Staates werden oder separates französisches Gebiet bleiben sollte. Die Regierung Ho Chi Minh ihrerseits erkannte das Recht Frankreichs auf eine ökonomische und kulturelle Präsenz in Vietnam an. Dies beinhaltete die Stationierung von ca. 15 000 Soldaten für einen Zeitraum von fünf Jahren zum Schutz der französischen Interessen.

Mit diesem Kompromiss versuchte Ho Chi Minh Zeit zu gewinnen und ein Blutvergießen zu verhindern. Vor allem die Tatsache, dass das Wort «Unabhängigkeit» nicht im Vertragstext auftauchte, die Wiederstationierung französischer Truppen sanktioniert wurde und der Status von Cochinchina in der Schwebe blieb, erregte jedoch den Unmut der nichtkommunistischen, nationalistischen Parteien und auch vieler militanter Viet Minh. Einige Nationalisten warfen Ho Chi Minh sogar vor, er habe sich von den Franzosen betrügen lassen und sei ein «Landesverräter» *(Viet Gian).*

Die Lage war so angespannt, dass Ho Chi Minh und Vo Nguyen Giap das Abkommen am 7. März 1946 auf einer Versammlung in der Oper von Hanoi verteidigen mussten. Ho Chi Minh argumentierte, dass es ein Zeichen von politischer Intelligenz sei, eher zu verhandeln, als zu kämpfen. Warum solle man 50 000 oder 100 000 Menschenleben opfern, wenn man die Unabhängigkeit durch Verhandlung vielleicht in fünf Jahren erlangen könne? Am Ende seiner Rede wandte er sich beschwörend an die Menge und wehrte sich gegen die Vorwürfe, er sei ein Vaterlandsverräter: «Ich, Ho Chi Minh, habe euch immer auf den Pfad der Freiheit geführt, ich habe mein ganzes Leben für die Unabhängigkeit unserer Nation gekämpft. Ihr wisst, dass ich lieber sterben würde, als mein Vaterland zu verkaufen. Ich schwöre, ich habe euch nicht verkauft!»[6]

Die folgenden Monate standen im Zeichen von Verhandlungen, die eine endgültige Lösung für die Unabhängigkeit Vietnams und den Status von Cochinchina bringen sollten. Ho Chi Minh konnte sich mit seinem Vorschlag durchsetzen, eine Konferenz in Frankreich stattfinden zu lassen, und begab sich am 30. Mai 1946 mit einer Delegation auf die Reise nach Europa. Im Sommer begannen in Fontainebleau die Gespräche über die konkrete Umsetzung des vorläufigen Abkommens vom März 1946. Pham Van Dong, dem späteren Ministerpräsidenten, der auf vietnamesischer Seite die Verhandlungen führte – Ho Chi Minh hielt sich im Hintergrund und versuchte, in der französischen Öffentlichkeit um Unterstützung zu werben –, wurde jedoch schnell klar, dass sich eine befriedigende Einigung nur schwer erzielen lassen würde.

Während die Beratungen in Paris liefen, hatte der französische Hochkommissar Thierry d'Argenlieu im August 1946 in Dalat eine Konferenz von Vertretern Annams, Cochinchinas, Laos und Kambodschas einberufen, die sich auf die Schaffung einer Föderation ohne die Demokratische Republik Vietnam einigten. Außerdem hatte er bereits im Juni die Schaffung einer separaten Republik Cochinchina verkündet. Als die französische Seite in Fontainebleau eine formelle Anerkennung der Unabhängigkeit Vietnams ablehnte und sich auch nicht auf ein konkretes Datum für das Referendum über den Status von Cochinchina festlegen lassen wollte, brach die vietnamesische Delegation die Verhandlungen am 10. September 1946 ab und reiste nach Vietnam zurück – allerdings ohne Präsident Ho Chi Minh. Dieser blieb in Paris und appellierte geradezu an den französischen Kolonialminister Marius Moutet, ihn nicht «mit leeren Händen» nach Hause zurückkehren zu lassen, da sonst die militanten Kräfte in Vietnam gestärkt werden würden.

Außerdem versuchte er die «amerikanische Karte» zu spielen. Wie schon bei seinem letzten Treffen mit dem OSS-Vertreter Patti in Hanoi 1945 leugnete Ho Chi Minh auch bei einem Gespräch mit dem Botschafter der USA in Frankreich, ein Kommunist zu sein, beschwor die gute Zusammenarbeit während des Krieges und wies darauf hin, dass die junge Demokratische Republik Vietnam von den USA Wirtschaftshilfe benötige. Zwar äußerten Mitarbeiter des State Department Besorgnis über die angespannte Situation in Vietnam, doch wurde die Truman-Regierung nicht aktiv.

Die Meinungen zu Ho Chi Minhs Entscheidung, nach der Abreise der vietnamesischen Delegation in Frankreich zu bleiben, waren geteilt. Einige französische Beobachter glaubten, dass dies nur ein weiterer Trick des fintenreichen Präsidenten sei, um auf diese Weise die französische Regierung zu Konzessionen zu bewegen. Andere bezweifelten, dass sich Ho Chi Minh noch der Unterstützung seiner Anhänger sicher sein konnte. Tatsächlich wurde ihm nicht nur von militanten Kräften in Vietnam selbst, sondern auch von Teilen der auslandsvietnamesischen Gemeinde in Frankreich vorgeworfen, gegenüber den Franzosen zu «kompromisslerisch» zu sein.[7]

Ho Chi Minhs Hartnäckigkeit schien sich gelohnt zu haben. Er unterzeichnete schließlich gemeinsam mit dem französischen Kolonialminister Marius Moutet am 14. September 1946 einen Modus Vivendi, in dem er die Indochinesische Föderation, wie sie auf der Konferenz in Dalat beschlossen worden war, akzeptierte. Die Franzosen erklärten sich ihrerseits bereit, ein Referendum abzuhalten, das über den zukünftigen Status von Cochinchina entscheiden sollte. Beide Seiten kamen überein, einen bewaffneten Konflikt zu vermeiden und im Januar 1947 erneut über die strittigen Fragen zu beraten. Als Ho Chi Minh am 18. Oktober 1946 nach mehrmonatiger Abwesenheit nach Vietnam zurückkehrte, waren die Aussichten für eine friedliche Lösung des Konflikts jedoch gering.

In der Zwischenzeit hatten französische Einheiten wichtige strategische Positionen an der Grenze zu China sowie im Nordwesten besetzt und verstärkten den militärischen Druck auf die alte Kaiserhauptstadt Hue.

Viele von Ho Chi Minhs Kampfgenossen zweifelten immer mehr daran, dass sich ein Krieg vermeiden lassen würde. Sie nutzten seine Abwesenheit, um eine militantere Linie voranzutreiben – nicht nur gegenüber den Franzosen, sondern auch gegenüber den politischen Gegnern, die Ho Chi Minh zuvor noch in die Regierung einzubinden versucht hatte. Während sich der Präsident in Frankreich aufhielt, kam es in Vietnam immer häufiger zu Zusammenstößen zwischen den Viet Minh und nichtkommunistischen Gruppierungen sowie zwischen Vietnamesen und Franzosen. Vor allem in Cochinchina eskalierte die Situation: Hier hatte der örtliche Viet-Minh-Führer Tran Van Giau bereits seit der Augustrevolution eine eigenständige militante Politik betrieben. Auch sein Nachfolger Nguyen Binh hielt sich nicht an die Weisungen Ho Chi Minhs, möglichst auf Gewalt zu verzichten und auch im Süden eine breite Einheitsfront aufzubauen. Stattdessen errichtete Nguyen Binh im Mekong-Delta Guerillabasen, befahl Angriffe auf französische Stellungen und die Ermordung von politischen Gegnern.

Ho Chi Minhs Bemühungen um eine friedliche Lösung des Konfliktes und seine Bereitschaft, hierfür auch Kompromisse mit den Franzosen einzugehen, wurden innerhalb der Partei immer mehr in Frage gestellt. In einem Artikel zum ersten Jahrestag der Unabhängigkeitserklärung kritisierte Parteichef Truong Chinh die Tendenz zum «gewissenlosen Kompromiss», die nur ein mangelhaftes Vertrauen in die Massen zum Ausdruck bringe. Die Revolutionäre – so Truong Chinh – sollten weniger den Feind als vielmehr die

«Fehler der eigenen Genossen» fürchten.[8] Ungeachtet dieser indirekten Kritik seitens einiger seiner engsten Kampfgenossen warb Ho Chi Minh nach seiner Rückkehr weiterhin für eine friedliche Lösung des Konfliktes. Am 23. Oktober 1946 versicherte er der Bevölkerung, dass Vietnam trotz aller gegenwärtigen Schwierigkeiten wiedervereinigt und unabhängig sein werde. Den Landsleuten im von den Franzosen abgetrennten Cochinchina versprach er, dass auch sie bestimmt in ihr Vaterland zurückkehren würden.

In dieser Phase, in der Ho Chi Minh noch die Einheitsfront hochhielt und die KPI zumindest nominell aufgelöst war, verschwieg er nach wie vor seine Komintern-Vergangenheit und stellte sich als «einfachen Patrioten» dar, der seinem Land lange gedient habe. Neben seinen politischen Vertrauten wussten nur sehr wenige Vietnamesen, dass sich hinter Ho Chi Minh niemand anders als Nguyen Ai Quoc verbarg. Seine ältere Schwester, Nguyen Thi Thanh, erkannte in einem Zeitungsfoto des Präsidenten ihren Bruder wieder und besuchte ihn in Hanoi. Auch Ho Chi Minhs älterer Bruder, Nguyen Sinh Khiem, traf ihn in einem Vorort der Hauptstadt.[9]

Die angespannte innenpolitische Atmosphäre zeigte sich auf einer Sitzung der Nationalversammlung im Oktober 1946. Viele Vertreter nationalistischer Parteien waren mittlerweile verhaftet worden. Ho Chi Minh verteidigte den Modus Vivendi, den er in Frankreich ausgehandelt hatte, konnte aber auf die Frage, ob die Franzosen sich an die Vereinbarung halten würden, nur eine ausweichende Antwort geben. Entgegen seinen Versprechungen vor seiner Rückreise nach Vietnam, der Regierung eine größere Basis zu geben, wurde das neue Kabinett von Viet Minh dominiert. Nur zwei Ministerposten waren mit Politikern besetzt, die nicht den Viet Minh angehörten. Dieser Linksruck spiegelte den Machtverlust Ho Chi Minhs gegenüber radikaleren Politikern wie Truong Chinh wider.

Während der Sitzung der Nationalversammlung trat der Waffenstillstand in Cochinchina in Kraft, auf den sich Ho Chi Minh und Marius Moutet im September 1946 in Paris geeinigt hatten. Nach einer kurzen Feuerpause brachen die Kämpfe in Südvietnam jedoch wieder aus. Zur Eskalation kam es schließlich im Norden im November 1946: Ein Kompetenzstreit um das Zollinspektionsrecht in der nördlichen Hafenstadt Haiphong weitete sich zu einer offenen militärischen Auseinandersetzung zwischen Franzosen und Viet Minh aus. Die Franzosen forderten ultimativ, das Chinesenviertel zu räumen. Als die Vietnamesen sich weigerten, wurde die Stadt mit Granaten beschossen. Dabei kamen Hunderte von Vietnamesen ums Leben.[10]

Die Zeichen standen jetzt auf Krieg. Ho Chi Minhs Reputation hatte seit der Ausrufung des unabhängigen Vietnam ein Jahr zuvor gelitten. In den eigenen Reihen wurde er von einigen Militanten als «Kompromissler» kritisiert. Viele Franzosen sahen dagegen nur noch «eine freundliche Fassade, hinter der er seine Angriffspläne verbarg».[11]

Ab Anfang Dezember 1946 bereitete sich die vietnamesische Regierung auf den Krieg vor. Die Hauptstadt Hanoi wurde befestigt und viele Einwohner evakuiert. Außerhalb der Hauptstadt wurden sogenannte «sichere Zonen» errichtet. Am 2. Dezember 1946 hatte der kranke und bettlägerige Ho Chi Minh ein letztes erfolgloses Gespräch mit Jean Sainteny, dem Vertreter der französischen Regierung. Aus Angst, von den Franzosen gefangen genommen zu werden, verbrachte der Präsident die Nacht nicht mehr in der Hauptstadt, sondern als Dorfnotabler verkleidet in sicheren Dörfern in der Nähe. Am 18. Dezember bat er Hoang Minh Giam, noch einmal Kontakt mit Sainteny aufzunehmen, hegte aber offensichtlich wenig Hoffnung, dass dieses Treffen greifbare Ergebnisse bringen würde, denn er überarbeitete bereits seinen «Aufruf zum nationalen Widerstand».[12] Als Ho Chi Minh erfuhr, dass die Franzosen nicht einmal bereit gewesen waren, Hoang Minh Giam zu Gesprächen zu empfangen, und dass sie ein Ultimatum zur Entwaffnung aller Vietnamesen gestellt hatten, war seine Reaktion eindeutig – so sein Sekretär Vu Ky in seinen Erinnerungen: «Gut, dann werden wir kämpfen.»[13] Der Krieg, den Ho Chi Minh mit allen Kräften hatte verhindern wollen, brach am Morgen des 19. Dezember 1946 in Hanoi aus und weitete sich schnell auf das ganze Land aus.

12 Krieg gegen Frankreich «Onkel Ho» und Exkaiser Bao Dai (1946–1949)

Im Krieg gegen Frankreich lehnten sich die Führer der Demokratischen Republik Vietnam eng an das dreistufige Volkskriegsmodell an, das Mao Zedong entwickelt hatte: In einer defensiven Phase zogen sich die eigenen Verbände zeitweise aus den Städten zurück und errichteten auf dem Lande befreite Gebiete. In der Phase des Gleichgewichts der Kräfte erfolgten vereinzelte Angriffe auf französische Stellungen. In der dritten Phase, der Offensive, sollten die Viet Minh schließlich zum Großangriff auf die französischen Truppen übergehen und die Kontrolle der Regierung der Demokratischen Republik Vietnam über ein vereintes Vietnam herstellen.[1]

Ho Chi Minh hatte am 19. Dezember 1946, dem Tag des Ausbruchs der Kampfhandlungen, sein Hauptquartier nach Ha Dong, einen Vorort von Hanoi, verlegt. Die Kämpfe in der Hauptstadt gingen aber noch bis zum März 1947 weiter. Erst als die Franzosen den letzten Widerstand der Viet Minh in Hanoi brechen konnten, zog sich Ho Chi Minh mit seinem Stab in die alte Viet-Minh-Hochburg im nördlich gelegenen Viet Bac (u. a. Provinzen Thai Nguyen, Bac Kan und Tuyen Quang) zurück. Die militärische Initiative lag zunächst eindeutig bei den Franzosen. In einer Großoffensive im Frühjahr 1947 konnten sie weite Teile der ländlichen Gebiete nördlich von Hanoi unter ihre Kontrolle bringen. Die Viet-Bac-Basis der Viet Minh war damit unmittelbar gefährdet. Der Regierungsapparat, der seit September 1945 nur in rudimentärer Form aufgebaut worden war, hörte nun fast völlig auf zu existieren. Die Kommunikation zwischen den einzelnen Landesteilen basierte auf einem zeitaufwendigen Botensystem.

Die schwierige Situation, in der sich der junge unabhängige Staat befand, wurde noch durch die fast völlige Isolation innerhalb des kommunistischen Lagers verstärkt. Die chinesischen Kommunisten konzentrierten sich 1947 noch auf den Kampf mit den Kuomintang und waren deshalb in dieser Phase noch nicht in der Lage, mehr als «ideelle Unterstützung» (Übernahme der Volkskriegsstrategie) zu leisten. Die französische KP war bis zum Frühjahr 1947 in eine Regierungskoalition eingebunden und beschränkte sich auch noch danach auf die Verabschiedung interner Parteiresolutionen mit der Forderung nach dem Abzug der französischen Truppen aus Indochina. Auch die Unterstützung der Sowjetunion ging über Solidaritätsadressen nicht hinaus – das Hauptaugenmerk ihrer Außenpolitik lag weiterhin auf Europa. Daran konnte auch eine diplomatische Offensive nichts ändern, die die Demokratische Republik Vietnam im Herbst 1947 eingeleitet hatte.

Ho Chi Minh schickte seinen Mitarbeiter Pham Ngoc Thach mit der Aufgabe nach Europa, Kontakt mit den Sowjets und der KPF aufzunehmen und damit auch die Position des Präsidenten im Ausland und in Vietnam selbst zu stärken. In der Schweiz traf Pham Ngoc Thach den sowjetischen Gesandten Kulaschenkow, der sich aber offenbar irritiert über die Selbstauflösung der KP Indochinas im Jahre 1945 zeigte. Pham Ngoc Thach erklärte diesen Schritt damit, dass Ho Chi Minh auf diese Weise den Befürchtungen auf amerikanischer Seite entgegentreten wollte, hinter der Viet Minh verberge sich eigentlich eine kommunistische Partei. Tatsächlich sei die KPI nach wie vor eine wichtige politische Kraft und habe Hunderttausende Anhänger. Als Pham Ngoc Thach schließlich zu seinem eigentlichen Anliegen kam und von der Sowjetunion Unterstützung für den Unabhängigkeitskampf des vietnamesischen Volkes erbat, reagierte Kulaschenkow jedoch ausweichend.

Wohl ermutigt durch die Gründung der Kominform (Kommunistisches Informationsbüro) und die Proklamation der Zwei-Lager-Theorie, d. h. der Spaltung der Welt in ein imperialistisches, antidemokratisches und ein antiimperialistisches, demokratisches Lager, durch Politbüromitglied Schdanow Ende September 1947, schickte Pham Ngoc Thach im Dezember 1947 eine Denkschrift, fast eine Bittschrift an die sowjetische Führung. Seine Ausführungen über die führende Rolle der KPI in Vietnam waren mit der Bitte verbunden, Moskau möge doch endlich dem vietnamesischen Unabhängigkeitskampf mehr Aufmerksamkeit schenken und diesen militärisch und wirtschaftlich unterstützen. Auch dieser fast verzweifelte Hilferuf blieb jedoch unbeantwortet. Die Erlaubnis für Pham Ngoc Thach, nach Moskau zu reisen, um hier persönlich die Situation in Südostasien erklären zu können, blieb ebenfalls aus.[2]

Angesichts der anhaltenden diplomatischen Isolation der Demokratischen Republik Vietnam im sozialistischen Lager suchte die Regierung Ho Chi Minh nach neuen Möglichkeiten, um im Ausland Unterstützung im Kampf gegen Frankreich zu erhalten. Außerdem musste der steigende Bedarf an Waffen und Munition gedeckt werden. Die Produktion von Waffen in einheimischen Werkstätten wurde verstärkt. Gleichzeitig versuchte Vietnam 1947, engere Kontakte mit Thailand, Burma, Indonesien und Indien zu knüpfen und an den gemeinsamen Antikolonialismus zu appellieren. Zwar brachten diese diplomatischen Bemühungen keine konkreten Hilfszusagen ein, aber dank der Verbesserung der Beziehungen zu Thailand konnte die Gesandtschaft der Demokratischen Republik Vietnam nunmehr in Bangkok ein geheimes Netzwerk aufbauen, um Waffen, Munition und Medizin zu beschaffen. Dieses Netzwerk wurde in der Folge auf ganz Südostasien ausgeweitet, die Demokratische Republik Vietnam erhielt jetzt Waffen und andere Güter über Händler in Singapur, Burma und auf den Philippinen.[3]

Die Franzosen konnten aus den offensichtlichen Problemen, die die Viet Minh in den ersten Kriegsjahren hatten, kein Kapital schlagen. Die französische Truppenstärke war begrenzt, da viele Einheiten in Deutschland und in Kolonien wie Algerien und Madagaskar gebunden waren. Zudem war die politische Meinung in Frankreich über die Fortführung des Krieges in Indochina gespalten. Auch eine französische Großoffensive («Operation Lea») Ende 1947 brachte nicht die erwünschte strategische Wende, obwohl die Viet Minh hohe Verluste erlitten. Der Plan, die Führung der Viet-Minh im Oktober 1947 durch eine Luftlandeaktion zu überraschen und gefangen zu nehmen, schlug fehl. Ho Chi Minh und Vo Nguyen Giap konnten gerade noch rechtzeitig entkommen – die französischen Fallschirmjäger fanden auf dem Tisch im verlassenen Hauptquartier der Viet Minh noch einige unterschriftsfertige Briefe für Ho Chi Minh.[4]

Danach stagnierte der Krieg zunächst. Die Franzosen setzten jetzt auf die «Bao-Dai-Lösung», d. h. die Bildung eines unabhängigen vietnamesischen Staates innerhalb der Französischen Union unter Führung des früheren Kaisers Bao Dai. Nach längeren Verhandlungen wurde im März 1949 der»Assoziierte Staat Vietnam» ins Leben gerufen. Der neue Staat mit dem als Playboy verschrieenen Bao Dai an der Spitze war allerdings keineswegs unabhängig. Alle wichtigen außenpolitischen und den Krieg betreffenden Entscheidungen wurden weiterhin von den Franzosen getroffen. Der von Bao Dai geführte Staat hatte deshalb wenig Rückhalt in der vietnamesischen Bevölkerung und stellte keine Konkurrenz zur Demokratischen Republik Vietnam mit ihrem prominenten Präsidenten Ho Chi Minh dar.

Nach Ausbruch des Kalten Krieges gelang es den Franzosen jedoch zunehmend, die Unterstützung der USA für die «Bao-Dai-Lösung» und den antikommunistischen Staat Vietnam zu gewinnen, indem sie der US-Regierung Belege für die kommunistischen Verbindungen Ho Chi Minhs präsentierten. Es ist eine Ironie der Geschichte, dass dieser zur gleichen Zeit in seiner eigenen Partei und in der internationalen kommunistischen Bewegung um seine Glaubwürdigkeit als «wahrer Kommunist» kämpfen musste.

Bereits 1948 war die erste Biographie über Ho Chi Minh in einer handgeschriebenen chinesischen Version erschienen. Als Autor wird ein gewisser Tran Dan Tien genannt. Das schmale Buch wurde danach unter dem Titel «Kleine Geschichten über das Leben von Präsident Ho Chi Minh» in vielen Auflagen auf Vietnamesisch veröffentlicht.[5] Tatsächlich verbarg sich hinter dem Verfasser niemand anderes als Ho Chi Minh selbst. Um den Anschein der Bescheidenheit zu wahren, nutzt Ho Chi Minh einen Kunstgriff: Im Vorwort berichtet der fiktive Verfasser Tran Dan Tien, dass Ho Chi Minh ihm den Wunsch nach einem Interview verweigert habe, weil er sich zur Zeit dringlicheren Problemen widmen müsse als dem Schreiben einer Biographie.[6] In seinen «kleinen Geschichten über sein Leben» stellt Ho Chi Minh seine bäuerlichen und proletarischen Züge in den Vordergrund. Zwar erwähnt er auch den Mandarinatsgrad seines Vaters, doch heißt es, er stamme aus einer «Bauernfamilie». In anderen Episoden berichtet Ho Chi Minh von seinem einfachen Leben als Seemann und Arbeiter in London. Er schreibt über seine Anfänge als Nationalist und stellt zum ersten Mal öffentlich klar, dass der legendäre Revolutionär Nguyen Ai Quoc und Präsident Ho Chi Minh ein und dieselbe Person sind – eine Verbindung, die bis dahin nur dem engsten Führungszirkel der Partei und Familienangehörigen des Präsidenten bekannt gewesen war. Seine politische Karriere verläuft in seiner Darstellung zielstrebig und ohne Brüche. Episoden wie sein Aufenthalt in Moskau in den dreißiger Jahren, in denen er auf das politische Abstellgleis geschoben wurde und um sein eigenes Überleben kämpfen musste, bleiben unerwähnt.[7]

Im Schlussteil werden die Versatzstücke präsentiert, die bis heute in Vietnam verbindliche Elemente der offiziell kanonisierten, teleologisch angelegten Biographie von «Onkel Ho» sind. Danach hat Ho Chi Minh von Anfang an unter Verzicht auf persönliche Interessen nur ein Ziel verfolgt: sein Vaterland und seine Landsleute zu befreien. «Präsident Ho denkt niemals an sich. Er denkt nur an die anderen Menschen, an das Volk.»[8] Er wird von allen verehrt: Er ist der «alte Vater des [vietnamesischen] Volkes, weil Präsident Ho das treueste Kind des vietnamesischen Vaterlandes ist.»[9]

Ho Chi Minhs Autobiographie kann also als erster Versuch gewertet werden, sich selbst als einigende Kraft des vietnamesischen Nationalismus und als Ikone der vietnamesischen Revolution zu präsentieren. An der Entstehung der Legende um den asketischen, fast mönchischen Revolutionär Onkel Ho, die immer noch von der Partei kultiviert wird – die Geschichtensammlung erscheint bis heute unter dem Verfassernamen Tran Dan Tien –, hatte Ho Chi Minh selbst somit einen gehörigen Anteil.[10] Gleichzeitig war das Buch jedoch auch eine Antwort auf interne Kritik an der Wahrhaftigkeit seiner nationalistischen und kommunistischen Überzeugungen. So trat er direkt Vorwürfen entgegen, er habe Vietnam bei den Verhandlungen mit den Franzosen 1946 «verraten».

Bereits kurz nach der ersten Veröffentlichung der «Kleinen Geschichten über das Leben von Präsident Ho Chi Minh» zeigte sich, dass die parteiinterne Debatte um seine Person noch nicht beendet war: Im Oktober 1949 sandte Tran Ngoc Danh, der seit 1946 als offizieller Vertreter der Demokratischen Republik Vietnam in Paris tätig gewesen und dann vor der französischen Polizei nach Prag geflohen war, einen Brief an die KPdSU, der den Bemühungen der Demokratischen Republik Vietnam um Anerkennung in der sozialistischen Staatengemeinschaft einen schweren Schaden zufügte und ein weiteres Mal die politische «Zuverlässigkeit» Ho Chi Minhs in Frage stellte. In dem Brief kritisierte Tran Ngoc Danh, der jüngere Bruder des früheren Parteivorsitzenden Tran Phu, die «opportunistische Linie der Partei seit ihrer offiziellen Auflösung im November 1945».[11] Die Auflösung sei gegen den Willen vieler Genossen von Ho Chi Minh durchgesetzt worden. In einem weiteren Schreiben vom Januar 1950 ging Tran Ngoc Danh noch weiter und stellte diesen als bürgerlichen Nationalisten dar, dem die internationalistische Gesinnung eines wahren Kommunisten fehle. So sei die Selbstauflösung der KPI auf «national-bourgeoise Elemente» in der Partei, die nicht genügend Vertrauen in die «revolutionäre Kraft des Proletariats» hatten, und auf die «destabilisierende Persönlichkeit von Ho Chi Minh» zurückzuführen. Um sich hiervon eine konkrete Vorstellung zu machen – so Tran Ngoc Danh weiter –, müssten die Genossen in Moskau nur den Wandel in der Politik der KPI analysieren, seitdem Ho Chi Minh 1941 wieder die politische Bühne in Indochina betreten habe – gemeint ist die Gründung der Einheitsfrontorganisation Viet Minh. Tran Ngoc Danh belegte seine Ausführungen mit einer Reihe von internen Parteidokumenten und schloss mit einem vernichtenden Urteil über Ho Chi Minh: All dies zeige eine «Abweichung vom Marxismus-Leninismus und Stalinismus, die ihn [Ho Chi Minh] zu einem Gegner der Partei und der UdSSR» mache.[12]

Nicht nur mit seiner Einheitsfrontpolitik und der taktisch begründeten Selbstauflösung der Partei 1945, sondern auch mit seiner Haltung im Ost-West-Konflikt machte sich Ho Chi Minh in den eigenen Reihen und in Moskau angreifbar. Bis 1950 vermied die Demokratische Republik Vietnam in ihren offiziellen Verlautbarungen jegliche Angriffe auf die USA, um diese nicht auf die Seite der Regierung Bao Dai und der dahinterstehenden Franzosen zu treiben. So behielt Ho Chi Minh seine neutrale Haltung im Kalten Krieg und in der Einschätzung der USA selbst nach der Proklamation der Schdanow-Linie 1947 bei. Kurz nach einem Interview, das der vietnamesische Präsident der amerikanischen Zeitschrift *Newsweek* gegeben hatte, machte der Journalist Harold Isaacs darauf aufmerksam, dass sich Ho Chi Minh mit seiner ausweichend-neutralen Haltung zu wichtigen aktuellen Fragen auf politisch sehr «dünnem Eis» bewege. «Kommunistische Führer sind woanders schon für sehr viel weniger gesäubert worden»[13] – so sein Urteil.

Diesem Schicksal konnte Ho Chi Minh zwar entgehen, doch musste er im veränderten internationalen Umfeld Ende der vierziger Jahre vor allem gegenüber der Sowjetunion Befürchtungen zerstreuen, er könnte als «südostasiatischer Tito» für einen neutralen vietnamesischen Staat plädieren.

13 Im Sog des Kalten Krieges
Der Sieg der Viet Minh und die Teilung des Landes
(1949–1954)

Im Frühjahr 1949 zeichnete sich ein Ende der internationalen Isolierung der Demokratischen Republik Vietnam ab. Im April waren die nationalchinesischen Truppen aus Nanning geflohen; Maos Rote Armee marschierte jetzt nach Südchina und damit auch in Richtung vietnamesische Grenze. Um etwaige Zweifel an ihrem internationalistischen Engagement aus dem Weg zu räumen, schickte die Demokratische Republik Vietnam im Sommer 1949 ca. 1000 Soldaten nach Südchina, die dort die kommunistischen Truppen beim Kampf gegen die Kuomintang unterstützen sollten. Am 1. Oktober 1949 rief Mao Zedong die Volksrepublik China aus. Ho Chi Minh entsandte sofort zwei Vertreter nach Peking, die der neuen Führung seine Glückwünsche und ein Ersuchen um Militärhilfe überbringen sollten. Mao, der sich zu diesem Zeitpunkt zu Gesprächen mit Stalin in Moskau aufhielt, wies seinen Stellvertreter Liu Shaoqi an, sich gegenüber den Vietnamesen kooperativ zu zeigen und Bedenken über die Politik Ho Chi Minhs nach 1945 beiseitezuschieben. Es sei noch zu früh, die Selbstauflösung der KPI durch Ho Chi Minh und seine neutrale Haltung als Fehler zu bezeichnen. Zumindest habe der vietnamesische Befreiungskampf darunter nicht gelitten.[1]

Ende 1949 machte sich Ho Chi Minh selbst auf den Weg nach China. Bereits am 18. Januar 1950, noch bevor er in Peking ankam, hatte die Volksrepublik China die Demokratische Republik Vietnam diplomatisch anerkannt. Von Peking aus reiste Ho Chi Minh in Begleitung des chinesischen Premiers Zhou Enlai, seines alten Freundes aus den zwanziger Jahren, nach Moskau weiter, um dort um Unterstützung für die Demokratische Republik Vietnam zu werben. In der sowjetischen Hauptstadt bereitete ihm Stalin allerdings einen kühlen Empfang und machte aus seinem alten Misstrauen gegenüber Ho Chi Minhs politischer Haltung keinen Hehl. So redete er ihn nicht wie sonst üblich mit «Genosse» an und behandelte ihn bei dem Gespräch, bei dem auch Mao Zedong zugegen war, mit unverhohlener Geringschätzung.

Als Ho Chi Minh fragte, ob die Sowjetunion nicht wie kurz zuvor mit der Volksrepublik China auch mit der Demokratischen Republik Vietnam ein Beistandsabkommen abschließen könne, lehnte Stalin dies umgehend mit dem Hinweis auf den geheimen Charakter des Besuches des vietnamesischen Präsidenten ab. Darauf machte Ho Chi Minh wohl scherzhaft den Vorschlag, man könne doch im Nachhinein einen Staatsbesuch inszenieren, indem man ihn in einen Hubschrauber setze, einmal über Moskau fliegen lasse und dann bei der Landung mit den üblichen Ehren empfange. Stalin lachte nur verächtlich und zeigte auf zwei Stühle: «Auf welchem Stuhl wollen Sie sitzen? Auf dem kommunistischen oder dem kapitalistischen?»[2]

Die sowjetische Führung sicherte der Demokratischen Republik Vietnam schließlich vor allem aufgrund der Fürsprache Mao Zedongs allgemeine Unterstützung zu – die diplomatische Anerkennung war bereits am 30. Januar 1950 erfolgt. Zusätzlich vereinbarte Stalin jedoch mit Mao Zedong eine Form von Arbeitsteilung, wonach die Sowjetunion für Europa und die Volksrepublik China für Asien «zuständig» sein solle.

Auch der Versuch Ho Chi Minhs, zumindest einen symbolischen Beweis für Stalins Unterstützung zu erhalten, mit dem er die in seiner eigenen Partei bestehenden Zweifel an seiner Führungsstärke aus dem Weg räumen und sich als wahrer «internationalistischer Kommunist» präsentieren wollte, schlug fehl. Zwar gelang es ihm zunächst, Stalin dazu zu bewegen, eine Ausgabe der Zeitschrift *Die UdSSR im Aufbau* mit seinem Autogramm zu versehen, doch dann ließ der misstrauische Stalin dieses für Ho Chi Minh so wichtige «Souvenir» durch seine Leibwächter aus dessen Hotelzimmer entwenden. Ho Chi Minh war über diesen offensichtlich von oberster Stelle in Auftrag gegebenen Diebstahl äußerst irritiert. Als er bei seiner Rückreise in Peking Station machte, fragte er den sowjetischen Botschafter in der Volksrepublik China mehrfach, wie «so etwas unter guten Kommunisten» passieren könne.[3] So kehrte Ho Chi Minh schließlich im März 1950 zwar nicht ganz mit leeren Händen aus Moskau zurück, doch hatte Stalin ihm die Rückendeckung versagt, mit der er seine Stellung in der Partei hätte stärken können.[4]

Bezeichnend ist, dass die Partei in Abwesenheit Ho Chi Minhs auf dem 3. Plenum der KPI vom 21. Januar bis zum 3. Februar 1950 eine grundlegende politische Umorientierung vornahm und sich sowohl außen- als auch innenpolitisch auf eine orthodoxere und internationalistische Linie festlegte. Die Partei lobte Stalin, leitete vorbereitende Maßnahmen für eine Landreform ein, intensivierte ihre Aktivitäten zur Unterstützung der revolutionären Bewegungen in Kambodscha und Laos und verurteilte Tito. Damit waren die Vorbedingungen für den Wiedereintritt der KP Vietnams in die kommunistische Gemeinschaft erfüllt – noch bevor Vietnams Präsident in Moskau von Stalin vor die entsprechende Wahl gestellt wurde.

Ho Chi Minh stellte sich schnell auf die Hinwendung zur Sowjetunion und zur Volksrepublik China ein. Er lobte Stalin und den Stalinismus in den höchsten Tönen und widmete dem Führer der KPdSU und der UdSSR ein Gedicht. Genauso laut pries er die neue Führung in Peking und forderte, dass Vietnam dem chinesischen Modell folgen solle. So betonte er im Herbst 1950, dass auch in seinem Land die Landwirtschaft kollektiviert werden müsse.

Treibende Kraft für diesen Kurswechsel der Partei war nicht Ho Chi Minh, sondern Parteichef Truong Chinh, der sich schon in den Jahren zuvor mit versteckter Kritik an der zu moderaten Politik der Partei während und nach der Augustrevolution und mit der Forderung nach radikaleren Landreformmaßnahmen positioniert hatte. Im Winter 1949/50 war sogar in einigen Zeitungsartikeln behauptet worden, dass Ho Chi Minh auf Stalins Weisung von Truong Chinh als Führer der kommunistischen Bewegung in Vietnam abgelöst, ja als «Abweichler» von der Moskauer Linie verurteilt worden sei.[5]

Mit der diplomatischen Anerkennung durch die UdSSR, China und andere sozialistische Staaten Anfang 1950 hatte die Demokratische Republik Vietnam ihre langjährige außenpolitische Isolation durchbrochen. Seit dem Frühjahr 1950 erhielten die Viet Minh Waffen- und Munitionslieferungen aus der Volksrepublik China.

Als Antwort darauf erkannten nun die USA und andere westliche Mächte die von den Franzosen gestützte Regierung Bao Dai an. Der Krieg in Vietnam, der als antikolonialer Kampf begonnen hatte, war damit in das Fahrwasser des Kalten Krieges geraten. Die USA intensivierten ihre Wirtschafts- und Militärhilfe für Frankreich, 1952 trugen sie bereits ein Drittel der französischen Kriegskosten.

Nach der erfolgreichen Grenzoffensive im September 1950, bei der die Viet Minh eine Reihe wichtiger französischer Stellungen im Norden eroberten – die chinesischen Hilfsgüter konnten jetzt ungehindert nach Vietnam fließen –, leitete General Vo Nguyen Giap Anfang 1951 im Delta des Roten Flusses eine Großoffensive ein, die die Wende im Krieg bringen sollte. Der Radiosender der Viet Minh verkündete optimistisch, dass Ho Chi Minh das vietnamesische Neujahrsfest Tet in Hanoi feiern würde. Die hochgesteckten Erwartungen erfüllten sich jedoch nicht. Die Offensive der Viet Minh wurde von den kampferprobteren und besser ausgerüsteten Franzosen zurückgeschlagen. Die vietnamesischen Einheiten, die mit der von den Chinesen übernommenen Taktik der «menschlichen Wellen» gegen die französischen Stellungen anrannten, erlitten horrende Verluste. In der Folge setzten die Viet Minh auch auf Anraten Ho Chi Minhs wieder verstärkt auf den Guerillakrieg und lösten sich damit von der Linie der chinesischen Militärberater.

In anderen Bereichen intensivierte sich jedoch der chinesische Einfluss deutlich. Seit 1951 wurde zunächst in der vietnamesischen Volksarmee, im Kultur- und Erziehungswesen und dann in der Partei selbst eine «ideologische Indoktrinationskampagne» durchgeführt. Jeder Einzelne musste sich einer gründlichen Überprüfung seines politischen Bewusstseins unterziehen. Wer nicht über den korrekten proletarischen Klassenhintergrund verfügte, hatte

Gelegenheit, sich in Kritik- und Selbstkritiksitzungen von seinem bürgerlichen Gedankengut zu befreien und zur unbedingten Treue zur Partei zu bekennen. Die Klassenzugehörigkeit war zum alles entscheidenden Kriterium für die Überprüfung der politischen Zuverlässigkeit einer Person geworden.

Die Übernahme dieser maoistischen «Rektifikationskampagne» *(chinh huan)* im Jahre 1951 markiert den Wendepunkt von der Einheitsfront- zur Klassenkampflinie. Als Reaktion auf die ideologische Verhärtung, die sich auch in der Anwendung der Doktrin des Sozialistischen Realismus im Kulturbereich zeigte, kehrten ab Anfang der fünfziger Jahre viele, die zuvor in erster Linie Ho Chi Minhs Appell an ihren Nationalismus gefolgt waren und deshalb den antikolonialen Kampf gegen die Franzosen unterstützt hatten, den Viet Minh den Rücken.

Die Haltung Ho Chi Minhs zur Anwendung maoistisch inspirierter Indoktrinationstechniken in Vietnam erscheint ambivalent. Auf der einen Seite leiteten die chinesischen Militärberater in der Armee mit seiner ausdrücklichen Billigung eine Säuberungskampagne ein – die «mechanistische Übernahme des chinesischen Modells» kann ihm deshalb angelastet werden. Auf der anderen Seite gibt es Hinweise darauf, dass Ho Chi Minh intervenierte, wenn der Klassenkampf exzessive Züge annahm. Als ihm zum Beispiel eine Liste mit Namen hochrangiger Militärkader wie General Giap präsentiert wurde, die nicht über den adäquaten Klassenhintergrund verfügten und nach Auffassung des führenden chinesischen Militärberaters durch Kader ersetzt werden sollten, die aus dem Proletariat oder der Bauernschaft stammten, reagierte Ho Chi Minh scharf und ließ die Liste sofort verbrennen.[6]

Mitte Februar 1951 fand an einem geheimen Ort im Viet Bac, der Widerstandsbasis der Viet Minh, der 2. Nationalkongress der Kommunistischen Partei Vietnams statt. Der Kongress spiegelte die neue politische Ausrichtung wider, die die Partei bereits 1950 vollzogen hatte. Die formal 1945 aufgelöste Partei wurde unter dem neuen Namen «Arbeiterpartei Vietnams» *(Dang Lao Dong Viet Nam)* wiedergegründet, womit der stärker proletarische Charakter der Partei in den Vordergrund gestellt werden sollte. Einige auf dem Parteitag verabschiedete Beschlüsse erkannten nach wie vor die Notwendigkeit an, im antikolonialen Kampf auch an moderate Elemente in der Bevölkerung zu appellieren, und schienen damit die von Ho Chi Minh favorisierte Einheitsfrontlinie zu bestätigen, doch stand der Parteitag eindeutig im Zeichen des Maoismus.

Ho Chi Minh war auf dem Parteitag in der Defensive und musste zu den Vorwürfen, die gegen seine Politik erhoben worden waren, Stellung nehmen: Die von ihm angeordnete Auflösung der Partei – so Ho Chi Minh in seiner Rede – habe zwar bei einigen Parteimitgliedern Skepsis ausgelöst, doch habe die Partei im Geheimen weiterexistiert und «den Staat und das Volk weitergeführt».[7] Es war wiederum Truong Chinh, der dem Parteitag seinen Stempel aufdrückte und die Übernahme des Maoismus propagierte. Er erklärte beispielsweise, dass die Partei die revolutionären Erfahrungen der chinesischen Bruderpartei studieren und im zukünftigen Vietnam eine «volksdemokratische Diktatur» nach chinesischem Vorbild errichten solle. Die dominierende Rolle Truong Chinhs kam in einem Artikel in der Parteizeitung *Nhan Dan* («Das Volk») zum Ausdruck: Danach war der alte und neue Generalsekretär der «Architekt und der Führer der vietnamesischen Revolution», während Ho Chi Minh als «Seele der vietnamesischen Revolution und des vietnamesischen Widerstandes» bezeichnet wurde.[8]

Ho Chi Minh spielte in seiner Partei nie eine so herausragende Rolle wie etwa Mao Zedong in der Kommunistischen Partei Chinas. Auch erhob er anders als Mao nie den Anspruch, richtungweisender Theoretiker zu sein.[9] Er blieb zwar eine wichtige Legitimationsquelle für die Kommunistische Partei und nahm als «Präsident der Partei» nach wie vor eine zentrale Machtposition in der Parteiführung ein, doch gleichzeitig war mit dem 3. Parteikongress 1951 ein Prozess eingeleitet worden, der Ho Chi Minh mehr und mehr auf seine symbolische Rolle als Ikone der Revolution beschränkte.[10]

Im Ausland blieb Ho Chi Minh in den Kriegsjahren fast unsichtbar – vielfach wurde sogar spekuliert, er sei gestorben. Die militärische Leitung des Widerstandskampfes lag in den Händen von General Vo Nguyen Giap. Im Viet Bac, der Widerstandsbastion der Viet Minh im Norden, bestand Hos Aufgabe vor allem darin, die Bevölkerung zu mobilisieren. Er zog auf langen Fußmärschen von Ort zu Ort und versuchte, seine Zuhörer auf Versammlungen davon zu überzeugen, im Kampf um die Unabhängigkeit weitere Opfer auf sich zu nehmen. Er verzichtete auf komplizierte theoretische Diskurse und drückte seine Botschaft in bewusst schlichten Sätzen aus. Damit fand er Zugang auch zu «einfachen Bauern». Er war selbst häufig bäuerlich gekleidet und zeigte bei seinen Begegnungen mit der Bevölkerung in der befreiten Zone echtes Interesse an ihren alltäglichen Sorgen und Nöten. Mit diesem unprätentiösen Verhalten setzte er sich auch von dem Gebaren der «Mandarine der Revolution», der arroganten, von den Massen entrückten Kader, ab, die er selbst vielfach kritisierte.[11]

Nach der fehlgeschlagenen Viet-Minh-Offensive 1951 war der Krieg in die zweite Phase, eine Phase des Gleichgewichts, übergegangen. Die Viet Minh beschränkte sich jetzt auf vorsichtigere, punktuelle Angriffe auf die Verteidigungsstellungen der Franzosen. Angesichts der hohen Verluste und der enormen Verteidigungsausgaben machte sich in Frankreich zunehmend Kriegsmüdigkeit gegen den «Schmutzigen Krieg» in Indochina breit. Damit wuchs in Paris die Bereitschaft, eine Lösung des Konflikts am Verhandlungstisch zu finden. Dies galt auch für das internationale Umfeld: Nach dem Tod Stalins 1953 verfolgte die neue sowjetische Führung eine moderate Außenpolitik, und auch die Volksrepublik China war an einer Entspannung interessiert, um sich nach ihrem verlustreichen Engagement im Koreakrieg wieder auf die dringenden innenpolitischen Probleme konzentrieren zu können. Auch bei den Viet Minh wuchs die Überzeugung, dass nach den langen Kriegsjahren eine Verhandlungslösung gefunden werden müsse. Dieses Modell wurde vor allem von Präsident Ho Chi Minh propagiert – gegen den Widerstand militanter Kräfte in den eigenen Reihen, die sich von vornherein gegen jegliche Kompromisslösungen aussprachen.

5 Ho Chi Minh in der Viet-Bac-Widerstandsbasis, 1951.

Sowohl die französische als auch die vietnamesische Seite war sich allerdings darüber im Klaren, dass die eigene Verhandlungsposition zunächst mit einem militärischen Sieg entscheidend verbessert werden sollte.

1953 versuchte der neue französische Oberbefehlshaber Henri Navarre, die Initiative auf dem Schlachtfeld wiederzugewinnen. Der sogenannte «Navarre-Plan» sah eine Aufstockung der französischen Verbände wie auch der Armee der Regierung Bao Dai sowie eine Generaloffensive gegen die Viet Minh im Jahr 1955 oder 1956 vor. Die Viet Minh ihrerseits bereiteten eine größere militärische Operation im Nordwesten Vietnams und in den von den französischen Truppen kontrollierten Gebieten von Laos vor. Als Reaktion hierauf und in der Hoffnung, die Viet Minh zu einer konventionellen Feldschlacht provozieren zu können, ordnete Navarre im November 1953 die Besetzung von Dien Bien Phu, eines Talkessels in der Nähe der laotischen Grenze ca. 200 km von Hanoi, an.

Auch die militärische Führung der Viet Minh erkannte, dass jetzt die Chance für eine Entscheidungsschlacht gegeben war. Anfang 1954 verlegte sie starke Einheiten nach Dien Bien Phu. Außerdem wurden Geschütze chinesischer Produktion, in Einzelteile zerlegt, die Berghänge hinaufgetragen und dort gut getarnt in Stellung gebracht. Im März 1954 begann die Offensive der Viet Minh, die sich in Tunneln bis an die französischen Stellungen herangearbeitet hatten. Die Franzosen hatten die Feuerkraft des Gegners vollkommen unterschätzt und wurden zu Gefangenen in dem isolierten Talkessel. Eine Stellung nach der anderen fiel unter dem Angriffsschwung der zu großen Opfern bereiten Viet-Minh-Einheiten. Am 7. Mai 1954, einen Tag, bevor in Genf die Friedensverhandlungen zu Indochina begannen, mussten die französischen Truppen unter Oberst de Castries kapitulieren.[12]

Diese Niederlage bedeutete das Ende der französischen Kolonialherrschaft in Indochina. Am Verhandlungstisch in Genf konnte die Viet-Minh-Delegation unter Außenminister Pham Van Dong im Juli 1954 jedoch nur einen Teilsieg erzielen: Sie musste der provisorischen Teilung des Landes am 17. Breitengrad zustimmen, die der Demokratischen Republik Vietnam die Kontrolle über den nördlichen und der Regierung Bao Dai die Herrschaft über den südlichen Teil überließ. Allerdings sollte Mitte 1956 nach landesweiten Wahlen unter internationaler Beobachtung die Wiedervereinigung des Landes erfolgen. Die Kriegsparteien sollten sich in einem Zeitraum von 300 Tagen verlagern – die Viet Minh in den Norden, die Angehörigen der Bao-Dai-Armee in den Süden.

Dieser Kompromissfrieden war vor allem auf Druck der Volksrepublik China zustande gekommen, die nach ihrer Beteiligung am Koreakrieg in erster Linie an einer Entspannung im ost- und südostasiatischen Raum interessiert war und eine erneute Intervention der USA befürchtete.[13] Außerdem wurde der Führung der Demokratischen Republik Vietnam nach einer realistischen Einschätzung der Lage klar, dass sie zwar in Dien Bien Phu einen grandiosen Sieg errungen hatte, die Franzosen aber immer noch mit fast 500 000 Soldaten in Vietnam präsent waren und die wichtigsten Städte wie

Hanoi, Saigon und Hue kontrollierten. Bei einem Treffen in Südchina Anfang Juli 1954 erklärte Ho Chi Minh auf Nachfrage des chinesischen Außenministers Zhou Enlai, dass die Viet Minh noch mindestens drei bis fünf Jahre benötigen würden, um die Franzosen endgültig militärisch zu besiegen – und dies nur unter der Voraussetzung, dass die USA nicht militärisch in Vietnam eingriffen. Auch deshalb musste sich die Führung der Demokratischen Republik Vietnam mit einer provisorischen Teilung des Landes zufriedengeben.[14]

Einige Mitglieder der DRV-Delegation in Genf und viele Viet Minh zu Hause, die gehofft hatten, die Wiedervereinigung ganz Vietnams «mit einem Schlag» erreichen zu können, machten aus ihrer Enttäuschung keinen Hehl. Es fiel wiederum vor allem Ho Chi Minh zu, die Kompromisslösung zu verteidigen. Einige Tage vor der Unterzeichnung des Genfer Friedensabkommens kritisierte Ho Chi Minh in der für ihn typischen bildhaften Sprache, dass einige Kader nicht die Bedeutung des internationalen Umfeldes für den Friedensschluss erkennen wollten: «einige, die von unseren wiederholten Siegen berauscht sind, wollen um jeden Preis bis zum Schluss kämpfen; sie sehen nur die Bäume, nicht den ganzen Wald ... sie sehen die Franzosen, aber nicht die Amerikaner, sie setzen einseitig auf militärischen Kampf und spielen die Diplomatie herunter.»[15] Der Preis für den Frieden – so Ho Chi Minh – war die Teilung des Landes. Die Teilung sei jedoch nur vorübergehend – unter der «korrekten Führung der Partei und mit der Unterstützung der Völker der Welt» würde Vietnam sicher Unabhängigkeit und nationale Einheit erlangen.[16]

14 Klassenkampf in Nordvietnam Ho Chi Minh und die Landreform (1954–1956)

Am 9. Oktober 1954 verließen die französischen Truppen Hanoi. Ho Chi Minh, der mit seinem politischen Geschick maßgeblich zum Sieg über die Franzosen beigetragen hatte, kehrte erst am 12. Oktober in aller Stille nach Hanoi zurück. Das Angebot, im Palast des früheren französischen Generalgouverneurs zu residieren, lehnte er ab und gab sich stattdessen mit einem kleinen Gärtnerhäuschen auf dem Palastgelände zufrieden. Auf seine Regierung warteten große Herausforderungen, denn der Sieg war teuer erkauft: Weite Landstriche waren verwüstet, und die Wirtschaft lag darnieder.

Offiziell schien die Regierung unter Ho Chi Minh zunächst auf eine moderate Politik zu setzen. In einer Ansprache an seine Landsleute im September 1954 betonte Ho Chi Minh die Bereitschaft der Führung, «sich mit allen von Nord bis Süd zu verbinden, die Frieden, Einheit, Unabhängigkeit und Demokratie befürworten, egal, mit wem sie in der Vergangenheit zusammengearbeitet haben».[1]

Aber dieser Appell des Präsidenten, der die Fortführung der Einheitsfrontpolitik suggerierte, wurde vor allem durch die Entwicklungen auf dem Lande konterkariert. Bereits Anfang Januar 1953 hatte die Partei eine Kampagne zur Reduzierung der Pachtzinsen eingeleitet, die in erster Linie die sehr viel radikaler angelegte Landreform vorbereiten sollte. Mit dieser Landreform, die vom Dezember 1953 bis zum Juli 1956 in sechs Wellen über 3000 Dörfer nördlich des 17. Breitengrades erfasste, verfolgte die Partei zwei Ziele. Zum einen sollte der Landbesitz zugunsten landloser und armer Bauern umverteilt werden, um dadurch eine Produktionssteigerung zu erreichen und die Grundlagen für die später geplante Kollektivierung der Landwirtschaft zu legen. Zum anderen wollte die Partei auch ihre Stellung auf dem Lande konsolidieren, indem sie die Macht der «feudalistischen Klasse», d.h. der Großgrundbesitzer, zerschlug und durch eine neue lokale, ihr treu ergebene politische Führung ersetzte, die vor allem aus ehemals landlosen und armen Bauern bestand.

Bei der Durchführung des Programms orientierten sich die eigens etablierten Landreformkader an Methoden, die bereits bei früheren Kampagnen in der Volksrepublik China Anwendung gefunden hatten. Zunächst versuchten sie sich ein Bild von der Situation im jeweiligen Dorf zu machen, indem sie zusammen mit ausgewählten armen bäuerlichen Familien «aßen, wohnten und arbeiteten». Wenn ausreichend Informationen über die Landbesitzverhältnisse gesammelt worden waren, erfolgte die Klassifizierung der Dorfbevölkerung in landlose, arme, Mittel- und reiche Bauern sowie Großgrundbesitzer. Einige der als Großgrundbesitzer eingestuften Dorfbewohner mussten sich bei öffentlichen Gerichtsverhandlungen verantworten, deren Ablauf einer zuvor von den Landreformteams festgelegten Choreographie folgte. Als «Landreformaktivisten» ausgewählte Dorfbewohner klagten die Großgrundbesitzer, die gebeugten Hauptes in einem Loch standen, verschiedener Verbrechen an und verwendeten hierbei Anredeformen, die im Vietnamesischen als äußerst respektlos gelten. Die Angeklagten mussten sich demgegenüber selbst als «Untertanen» und die anklagenden armen Bauern als «Hochverehrte Damen und Herren» bezeichnen. Die von der Partei intendierte Umkehrung der dörflichen Hierarchie war damit auch sprachlich vollzogen. Die Volkstribunale endeten für viele Großgrundbesitzer mit dem Todesurteil, das sofort auf dem Reisfeld durch Erschießen vollzogen wurde.

Im Zuge der Landreform kam es immer häufiger zu Exzessen. Die Dörfer Nordvietnams gerieten in einen Strudel der Gewalt. Da die Landreformteams bei der Einstufung der Dorfbevölkerung vorgegebene Quoten erfüllen mussten, in vielen Dörfern faktisch aber kein Großgrundbesitz vorhanden war, wurden viele Dorfbewohner fälschlicherweise als Großgrundbesitzer eingestuft und landeten so vor dem Erschießungskommando. Nach den wenigen bislang vorliegenden Quellen muss man von 3000 bis 15 000 Opfern ausgehen.

Darüber hinaus beging eine große Anzahl von Landbewohnern, die ihr gesamtes Eigentum verloren hatten, systematisch erniedrigt und innerhalb der Dorfgemeinschaft isoliert worden waren, Selbstmord.[2]

Die Landreform markierte den Höhepunkt des maoistischen Einflusses auf die Politik der Arbeiterpartei Vietnams. Die Einladung Ho Chi Minhs an alle Landsleute, ungeachtet ihrer bisherigen Zusammenarbeit mit dem Gegner, also den Franzosen oder der Regierung Bao Dai, am Aufbau des Landes mitzuwirken, blieb wirkungslos. Die Klassenzugehörigkeit und der Lebenslauf mit einer wie auch immer gearteten Verbindung zum Feind waren zu den wichtigsten Kriterien für die Beurteilung einer Person geworden. Dies sollte die (nord-)vietnamesische Gesellschaft noch bis zum Beginn der Reformpolitik Mitte der achtziger Jahre bestimmen.

Ho Chi Minhs Rolle bei der Landreform, die bis heute ein dunkles Kapitel in der Geschichte der Kommunistischen Partei darstellt, ist umstritten. Bereits 1950 hatte Stalin von Ho Chi Minh gefordert, endlich seine moderate Politik aufzugeben und dem «antifeudalen» Kampf stärkere Aufmerksamkeit zu schenken. Im November 1952 hatte Ho Chi Minh dann in einem Brief an Stalin pflichtschuldig versprochen, «fleißig an der Verwirklichung der Landreform ... zu arbeiten».[3] Das Landreformgesetz vom Dezember 1953 trug zwar Ho Chi Minhs Unterschrift, doch war er nicht direkt in die Planung und Durchführung der Landreform involviert. Die treibenden Kräfte, die am Ende auch die politische Verantwortung tragen mussten, waren Truong Chinh, der Generalsekretär der Partei, Ho Viet Thang, der stellvertretende Landwirtschaftsminister, sowie Le Van Luong, der Chef der Parteiorganisation, der bereits Anfang der fünfziger Jahre die Säuberung der Partei nach maoistischem Vorbild eingeleitet hatte.

Dennoch besteht kein Zweifel daran, dass Ho Chi Minh die Landreform insgesamt als Form des Klassenkampfes zur Umgestaltung der Landbesitzverhältnisse und zum Sturz der feudalen Großgrundbesitzerklasse befürwortete. In einer Rede vor Landreformkadern in Thai Nguyen und Bac Giang Anfang 1955 bezeichnete er diese als «Soldaten gegen den Feudalismus ähnlich Soldaten gegen feindliche Invasoren».[4] Die Säuberung der bestehenden Parteikomitees – so Ho Chi Minh weiter – sei von vorrangiger Bedeutung. «Gegen schlechte Elemente müssten angemessene Maßnahmen getroffen werden: wenn es nötig ist, sie aus der Partei zu entfernen, sollten sie entfernt werden, wenn sie ihres Postens enthoben werden sollten, sollte dies geschehen.»[5] Andererseits verurteilte Ho Chi Minh Kader, die bei der Durchführung der Landreform auf das Mittel der Folter zurückgegriffen hatten: «Folter ist eine grausame Methode der Imperialisten, Kapitalisten [und] Feudalisten, um die Massen und die Revolution zu bekämpfen.»[6] In einer Rede vor Landreformkadern in den Provinzen Bac Ninh und Bac Giang im Dezember 1955 wiederholte Ho Chi Minh diesen Aufruf und forderte sie außerdem auf, deutlich zwischen «Feind» und «Freund» zu unterscheiden, d. h., keine Großgrundbesitzer entkommen zu lassen, aber auch niemanden grundlos als solchen einzustufen.[7]

In der Praxis zeigte sich jedoch, dass Ho Chi Minhs mäßigender Einfluss begrenzt war und es ihm auch an der nötigen Durchsetzungskraft sowie an Mut fehlte. Als Beispiel mag hier die Geschichte von Nguyen Thi Nam dienen, die den Viet Minh während des antifranzösischen Widerstandskampfes in vielerlei Hinsicht geholfen und sogar hohen Kadern Unterschlupf gewährt hatte. Nun sollte sie aber als Großgrundbesitzerin zum Tode verurteilt werden. Als Ho Chi Minh davon informiert wurde, protestierte er zwar zunächst, beugte sich aber schließlich der Mehrheit. Nguyen Thi Nam wurde erschossen.[8]

Auch seine Mahnungen vom Dezember 1955 blieben wirkungslos. Gerade die fünfte Landreformwelle, die Ende 1955 begann und die meisten Dörfer Nordvietnams erfasste, führte zu den schlimmsten Exzessen. In Provinzen wie Bac Ninh, die noch kurz zuvor unter französischer Kontrolle gewesen waren, vermuteten die Landreformteams überall Feinde und Spione. In vielen Dörfern wurden die bestehenden Parteiorganisationen aufgelöst. Viele Dorfbewohner wurden auch hier fälschlicherweise als Großgrundbesitzer eingestuft und zum Tode verurteilt. Die Landreformteams waren allmächtig – «An erster Stelle kommen die Landreformteams, an zweiter Gott», hieß es. In einem Dorf endete ein verdienter Kader, der während des Krieges gegen Frankreich das lokale Parteikomitee gegründet hatte, wegen seiner vermeintlichen Kollaboration mit dem Feind als «Landesverräter» *(Viet Gian)* und «grausamer und despotischer Großgrundbesitzer» vor dem Erschießungskommando.[9]

Als im Frühjahr 1956 in der Presse immer kritischer über die Landreform berichtet wurde, sah sich Ho Chi Minh sogar den Vorwürfen seines Privatsekretärs Vu Dinh Huynh ausgesetzt: «Wie können Sie ruhig bleiben, wenn das Blut unserer Landsleute vergossen wird?»[10] In der Folge kritisierte Ho Chi Minh zwar wiederholt Fehler bei der Klassifizierung von Großgrundbesitzern, doch noch im Juli 1956 bewertete er die fünfte und radikalste Welle der Landreform «im Allgemeinen als einen großartigen Erfolg», die Großgrundbesitzerklasse in den Dörfern sei zerstört worden.[11]

Erst in einem Artikel vom August 1956 in der Parteizeitung *Nhan Dan* («Das Volk») leitete Ho Chi Minh die Wende ein. Er beklagte, dass es bei der Landreform zu vielen Fehlern gekommen sei, und forderte eine «Korrekturkampagne». Nach dieser Intervention stoppte die Partei die Landreform. Auf Ho Chi Minhs Wunsch entschuldigte sich Verteidigungsminister Vo Nguyen Giap auf einer öffentlichen Versammlung im Oktober 1956 in Hanoi im Namen der Partei für die während der Agrarreform begangenen Fehler und Exzesse. Gleichzeitig zog die Partei auf dem 10. Plenum im September und Oktober 1956 die personellen Konsequenzen aus dem katastrophalen Verlauf der Landreform. Truong Chinh verlor seinen Posten als Generalsekretär der Partei, den er seit 1940 innegehabt hatte. Le Van Luong, Leiter der Abteilung für Parteiorganisation, wurde ebenfalls seiner Ämter enthoben und aus dem Politbüro ausgeschlossen. Ho Viet Thang, stellvertretender Landwirtschaftsminister, schied aus dem Zentralkomitee aus.

Die von Ho Chi Minh geforderte Korrekturkampagne begann im Herbst 1956. In vielen Dörfern gestaltete sich die Reklassifizierung von falsch eingestuften Dorfbewohnern und die Rückgabe ihres Eigentums als äußerst schwierig und führte zu Zusammenstößen zwischen den Opfern und den Gewinnern der Landreform. Erst gegen Ende des Jahres 1957 war die Ruhe und Ordnung auf dem Lande wiederhergestellt.

15 Die vietnamesische «Hundert-Blumen-Bewegung» Ho Chi Minh und die Intellektuellen (1956–1957)

Bereits seit 1956 strahlten die sozialen Verwerfungen, die der von der Partei befohlene Klassenkampf auf dem Lande ausgelöst hatte, auch auf die Städte aus und stürzten Nordvietnam in eine existentielle Krise.[1]

Nach dem Ausbruch des Krieges Ende 1946 waren auch viele Intellektuelle dem Aufruf Ho Chi Minhs, sich am Widerstandskampf zu beteiligen, gefolgt. Einige, wie der Philosoph Tran Duc Thao, hatten sogar eine vielversprechende Universitätskarriere im Ausland aufgegeben und waren nach Vietnam zurückgekehrt. Im Viet Bac, der Widerstandsbasis der Viet Minh im unwirtlichen vietnamesisch-chinesischen Grenzgebiet, hatten sie sich erfüllt von Patriotismus und unter Verzicht auf jeglichen Luxus ganz dem Kampf gegen die Franzosen verschrieben. Nachdem der Maoismus Anfang der fünfziger Jahre in Vietnam Einzug gehalten hatte, hatten sich zwar einige Intellektuelle von den Viet Minh abgewandt, doch die meisten waren bereit, sich der verschärften Kontrolle der Partei zu stellen und sich den nun obligatorischen «Säuberungskampagnen» und Kritik- und Selbstkritiksitzungen zu unterziehen.

Mit dem Sieg über die Franzosen hofften aber viele Intellektuelle, dass die Partei nunmehr die rigide Kontrolle aller kulturellen Aktivitäten lockern und ihnen größere Freiräume gewähren würde. Das Gegenteil war jedoch der Fall: Im Namen der Revolution verschärfte die Partei sogar den Klassenkampf und versuchte, eine neue Klasse von Intellektuellen heranzuziehen, die über einen adäquaten Klassenhintergrund verfügen und als «Ingenieure der Seele» ihren Beitrag zum Aufbau des sozialistischen Staates leisten sollten. Das «Klassendenken», das bislang nur die von den Viet Minh kontrollierten Gebiete bestimmt hatte, erfasste nun die gesamte vietnamesische Gesellschaft. Parteimitglieder übernahmen Schlüsselpositionen in den Ministerien und anderen Behörden. Wer Verdienste aus dem Kampf gegen die Franzosen, aber keine Mitgliedschaft in der Arbeiterpartei vorweisen konnte, war ein «Viet Minh zweiter Klasse» und musste sich mit untergeordneten Tätigkeiten zufriedengeben. Kontakte mit «bürgerlichen Elementen» waren verpönt. Erfahrene Beamte, die Ho Chi Minh explizit aufgefordert hatte, auf ihrem Arbeitsplatz zu bleiben und ihren Beitrag zum Wiederaufbau des Landes zu leisten, wurden diskriminiert.[2]

Als Reaktion auf den Aufbau eines orthodoxen Parteistaates und den Ausbruch des Klassenkampfes flohen ca. 800 000 Vietnamesen, darunter etwa 650 000 Katholiken, nach Südvietnam.

Aufgrund der unverändert rigiden Kulturpolitik der Partei begann es bereits im Winter 1954/55 zunächst unter Schriftstellern und Künstlern in der Abteilung für Kunst und Literatur zu gären. Erst im Februar 1956 fanden der Wunsch vieler Intellektueller nach mehr künstlerischen Freiräumen und ihr Unbehagen über die neue Gesellschaft in den «Schönen Werken des Frühlings» *(Giai Pham Mua Xuan)* ihren Ausdruck. Im Mittelpunkt dieser Sammlung von Gedichten, kurzen literarischen Texten und Liedern verschiedener Autoren stand ein längeres Gedicht von Tran Dan mit dem Titel «Siegesgewiss». Darin schildert der Dichter, der ursprünglich für die Revolution gekämpft hatte, das Chaos der Nachkriegsgesellschaft in Nordvietnam. Der Refrain des Gedichts: «Ich gehe weiter, sehe keine Straße, kein Haus, sehe nur den Regen, der auf die rote Flagge fällt»,[3] steht im Kontrast zum staatlich verbreiteten Optimismus. Die Reaktion der Partei war prompt: Die «Schönen Werke des Frühlings» wurden verboten und Tran Dan verhaftet – auch weil er nach 1954 eine nichtparteikonforme Liaison mit einer Katholikin aus Hanoi eingegangen war.

Erst in der zweiten Hälfte des Jahres 1956, als sie durch die fehlgeschlagene Landreform verunsichert war, lockerte die Partei die Zügel. Außerdem schöpften viele vietnamesische Intellektuelle nach der Einleitung der Destalinisierung in der Sowjetunion im Februar 1956 und der Ausrufung der «Hundert-Blumen-Kampagne» in der Volksrepublik China im Mai des gleichen Jahres den Mut, eine Debatte über die Auswüchse und Fehlentwicklungen des sozialistischen Systems in der Demokratischen Republik Vietnam zu entfachen. So erschienen in einer kurzen liberalen Phase von August bis November 1956 eine Reihe von kritischen Zeitungen und Zeitschriften wie *Nhan Van* («Humanismus») und *Giai Pham Mua Thu* («Die schönen Werke des Herbstes»), die der Bewegung ihren Namen gaben: *Nhan Van-Giai Pham.*

Die Kritik der Intellektuellen weitete sich schnell aus und ging bald über den Bereich der Kulturpolitik hinaus. Die Autoren kritisierten das Eindringen der Partei auch in persönliche Lebensbereiche, die allseits propagierte «revolutionäre Wachsamkeit», die mit ihrer paranoiden Angst vor vermeintlichen Feinden die Exzesse der Landreform erst möglich gemacht hatte, sowie den Mangel an Demokratie und das Fehlen eines Rechtssystems.[4] Mit dem Verbot der Zeitung *Nhan Van* im Dezember 1956 und einer von der Parteipresse orchestrierten Pressekampagne fand die Bewegung ihr Ende.

Der massive Gegenschlag erfolgte jedoch erst, als sich mit der Moskauer Konferenz im November 1957, auf der die Sowjetunion und die Volksrepublik China eine gemeinsame Sprachregelung gegen den «Revisionismus» fanden, die politische Großwetterlage in den sozialistischen Staaten zugunsten der orthodoxen Kräfte geändert hatte. Im Frühling 1958 mussten Schriftsteller, Künstler und andere Intellektuelle in Nordvietnam an politischen Schulungskursen teilnehmen; im Sommer und Herbst des gleichen Jahres wurden sie aufs Land geschickt, um «die Realität kennenzulernen» und sich im Kontakt mit Bauern und Arbeitern letzter Reste «bürgerlicher» Auffassungen zu entledigen und danach ideologisch gestärkt und gereinigt wieder in die Städte zurückzukehren. Die Mitglieder der «*Nhan-Van-Giai-Pham*-Clique» – so die neue parteioffizielle Bezeichnung für die Bewegung – mussten sich langen Kritik- und Selbstkritiksitzungen unterziehen und wurden Zielscheibe einer großangelegten Pressekampagne. Am Ende wurden sie mit unterschiedlichen Strafen belegt: Viele Wissenschaftler verloren ihren Posten an der Universität, zahlreiche Schriftsteller und Künstler erhielten ein langjähriges Berufsverbot. Viele mussten ihr Engagement in der *Nhan-Van-Giai-Pham*-Bewegung mit einer jahrzehntelangen gesellschaftlichen Isolation bezahlen.

1960 erreichte die Kampagne ihren Höhepunkt, als fünf Personen in einem Schauprozess zu Haftstrafen verurteilt wurden. Nguyen Huu Dang, langjähriges Parteimitglied und Hauptorganisator der Feierlichkeiten zur Unabhängigkeitserklärung am 2. September 1945, wurde als Rädelsführer und Kollaborateur mit dem französischen Geheimdienst angeklagt und mit der höchsten Haftstrafe von 15 Jahren belegt. Nach Verbüßung seiner Haft 1974 stand er noch lange Jahre in seiner Heimat Thai Binh unter Hausarrest, erst 1993 kehrte er wieder nach Hanoi zurück, wo er 2007 starb.

Ho Chi Minhs Haltung zur *Nhan-Van-Giai-Pham*-Bewegung ist unklar. In seinen «Gesammelten Werken» findet sich kein Artikel, keine Rede mit direktem Bezug hierzu. Eines ist jedoch klar: Viele der Intellektuellen, die an der liberalen Bewegung teilnahmen, hatten sich dem antifranzösischen Widerstandskampf vor allem aufgrund Ho Chi Minhs Appell an ihre patriotischen Gefühle angeschlossen, sich dann aber immer mehr von der Partei entfremdet, als die Einheitsfrontlinie nach 1950 einem vom Maoismus inspirierten Klassendenken Platz machte.

Einige der Intellektuellen, die aufgrund ihrer Verwicklung in die *Nhan-Van-Giai-Pham*-Bewegung hart bestraft wurden, waren Ho Chi Minh gut bekannt. Wenigstens in einem Fall versuchte er offensichtlich, seinen Einfluss geltend zu machen, um die Strafe für den Betroffenen zu mildern. Ho Chi Minh war zwar wie schon bei der Landreform nicht direkt mit der Umsetzung der harten Parteilinie befasst und vertrat eher ein moderates Vorgehen, es besteht jedoch kein Zweifel, dass für ihn die Herrschaft der Partei, die Parteidisziplin und der Kampf gegen den «bürgerlichen Individualismus» an oberster Stelle standen – trotz der gerne von ihm beschworenen konfuzianischen Werte.

Als er 1956 die Universität Hanoi besuchte, in der sich viele Studenten der *Nhan-Van-Giai-Pham*-Bewegung angeschlossen hatten und aus ihrer Kritik an der Partei keinen Hehl machten, klärte Ho Chi Minh die Studenten über die Bedeutung des Begriffs «Demokratischer Zentralismus» auf, der auf einem der Poster in der Universität in Frage gestellt worden war: «Wenn ihr eigenes Hab und Gut habt, könnt ihr selbst darüber verfügen. Das ist Demokratie. Aber ihr wisst nicht, wie ihr euren Reichtum behalten könnt, und deshalb passe ich für euch darauf auf. Ich zentralisiere alles, indem ich euer ganzes Eigentum in einen Raum werfe, abschließe und dann den Schlüssel in meine Tasche stecke. Das ist Zentralismus!» Nach diesen klärenden Worten verstummten die Studenten.[5] Diejenigen, die sich 1956 an der Protestwelle beteiligt hatten – einige Studenten der Universität Hanoi hatten sogar eine eigene kritische Zeitung herausgegeben –, wurden im Zuge der Unterdrückung der *Nhan-Van-Giai-Pham*-Bewegung exmatrikuliert und an Grundschulen in entlegenen Gebieten geschickt.

Spätestens mit der Niederschlagung der vietnamesischen Variante der «Hundert-Blumen-Bewegung» gehörte die von Ho Chi Minh propagierte Politik der «großen Einheit» zwischen allen Bevölkerungsschichten endgültig der Vergangenheit an.

16 Zwischen Moskau und Peking Der Vermittler Ho Chi Minh und sein Rivale Le Duan

(1957–1963)

Ho Chi Minh schien aus der politischen Krise, die die Demokratische Republik Vietnam 1956 erfasst hatte, gestärkt hervorgegangen zu sein. Nach dem Rücktritt von Truong Chinh übernahm er kommissarisch den Posten des Generalsekretärs der Partei. Tatsächlich beschränkte sich Ho Chi Minh jedoch immer mehr auf die Funktionen eines außenpolitischen Beraters der Führung. Die eigentlichen Amtsgeschäfte führte dagegen Le Duan, der Leiter des Parteikomitees in Südvietnam. Mit dem Revirement 1956 begann der Aufstieg Le Duans an die Parteispitze.[1] Anfang 1957 wurde er als Vollmitglied ins Politbüro aufgenommen.

Ho Chi Minh besuchte im Juni 1957 zum ersten Mal wieder sein Heimatdorf Kim Lien in der zentralvietnamesischen Provinz Nghe An, das er ein halbes Jahrhundert zuvor verlassen hatte. In der zweiten Jahreshälfte unternahm er eine zweimonatige Reise nach Peking, Moskau und in die sozialistischen Staaten Osteuropas, darunter auch die DDR. Im November 1957 reiste er erneut nach Moskau, um an der Konferenz der kommunistischen Staaten teilzunehmen – in Begleitung von Le Duan, dem «neuen Star» im Politbüro, sowie von Pham Hung, dem Stellvertreter Le Duans in Südvietnam. Auf der Konferenz zeichneten sich bereits erste Spannungen zwischen der Sowjetunion und der Volksrepublik China über die Frage der Friedlichen Koexistenz und über die Führung der sozialistischen Welt ab. Nach der Konferenz hielt sich Ho Chi Minh noch länger in Moskau auf – vermutlich, um in Gesprächen mit der sowjetischen Führung die offensichtlichen Spannungen mit Peking zu diskutieren.

Die eigentlich für 1956 vorgesehenen landesweiten Wahlen waren vom südvietnamesischen Präsidenten Ngo Dinh Diem boykottiert worden. Diem war es nicht zuletzt mit amerikanischer Unterstützung gelungen, in kurzer Zeit seine Gegner auszuschalten und seine Macht zu konsolidieren. Nach seiner Wahl zum Staatspräsidenten 1955 wies er den südvietnamesischen Sicherheitsapparat an, verschärft gegen tatsächliche oder vermeintliche Feinde vorzugehen. Von den zum Teil sehr drastischen Maßnahmen waren auch diejenigen Viet Minh betroffen, die nicht – wie in dem Genfer Friedensabkommen vorgesehen – nach Norden übergesiedelt, sondern in Südvietnam geblieben waren. Sie gerieten ab Mitte der fünfziger Jahre in immer größere Bedrängnis.

Vor diesem Hintergrund kam es im Dezember 1957 auf dem 13. Plenum des Zentralkomitees der KP Vietnams zu intensiven Debatten. Während der aufstrebende Le Duan für eine Wiederaufnahme des bewaffneten Kampfes im Süden plädierte, argumentierte Truong Chinh, dass Nordvietnam zunächst den Sozialismus aufbauen müsse, um dann später von der sicheren Bastion im Norden aus den Kampf um die Wiedervereinigung des Landes aufzunehmen.[2] Ho Chi Minh nahm an dieser wichtigen Sitzung nicht teil, sondern machte aus noch ungeklärten Gründen auf seiner Rückreise aus der Sowjetunion einen längeren Zwischenstopp in Peking.

Zwar konnte sich die Fraktion um Truong Chinh Ende 1957 noch einmal gegen Le Duan durchsetzen, doch baute Letzterer im weiteren Verlauf des Jahres 1958 seine Machtstellung an der Parteispitze systematisch aus, um seine militantere Wiedervereinigungsstrategie durchsetzen zu können. Dabei verloren viele enge Mitarbeiter Ho Chi Minhs und Truong Chinhs ihre Posten und wurden durch Vertraute Le Duans ersetzt. Als wichtigster Partner Le Duans im parteiinternen Machtkampf fungierte Le Duc Tho, der mit der Schlüsselstellung des Leiters der Abteilung für Parteiorganisation betraut wurde. Zum inneren Kreis um Le Duan gehörten außerdem: Innenminister Tran Quoc Hoan; General Nguyen Chi Thanh, Leiter der Allgemeinen Politischen Abteilung der Vietnamesischen Volksarmee und größter Konkurrent des Verteidigungsministers und Ho-Chi-Minh-Vertrauten Vo Nguyen Giap; To Huu, seit 1960 Leiter der Abteilung für Propaganda und Erziehung im ZK der

Vietnamesischen Arbeiterpartei und oberster «Kulturwächter» der Partei. Damit besaß Le Duan in den zentralen Schaltstellen von Partei, Staat und Armee Gefolgsleute.

Der Machtverlust Ho Chi Minhs war offensichtlich. Er trat jetzt vor allem als Diplomat in Erscheinung, während die wichtigen innenpolitischen Entscheidungen immer mehr von anderen gefällt wurden. Im Februar 1958 besuchte er Indien und Burma. Im Mai des gleichen Jahres bezog der auf Sparsamkeit bedachte Ho Chi Minh das gerade fertiggestellte Stelzenhaus im Park des Präsidentenpalastes.

Seit Sommer 1958 sah sich die Partei im Süden mit einer großangelegten antikommunistischen Kampagne der Regierung unter Ngo Dinh Diem konfrontiert. Innerhalb weniger Monate konnte der Saigoner Sicherheitsapparat Tausende südvietnamesische Kader festnehmen. Viele wurden exekutiert, andere verschwanden in Gefängnissen. Die Partei erlebte nun ihre «schwärzesten Tage».[3]

Vor diesem Hintergrund schickte das Politbüro Le Duan Ende 1958 in den Süden. Anfang 1959 erstattete er auf dem 15. Plenum des Zentralkomitees Bericht. Angesichts der katastrophalen Situation im Süden folgte die Parteiführung jetzt den Empfehlungen Le Duans und billigte den Aufbau bewaffneter Verbände in Südvietnam und die Anwendung von Gewalt neben dem politischen Kampf. Dieser Beschluss markierte einen wichtigen Wendepunkt im Kampf um die Wiedervereinigung Vietnams.

Ho Chi Minh hatte bei den Diskussionen über die richtige Wiedervereinigungsstrategie für eine vorsichtige Herangehensweise plädiert und davor gewarnt, nur auf den bewaffneten Kampf zu setzen, weil dies eine militärische Intervention der USA zur Folge haben könnte. Auch wenn er und Verteidigungsminister Vo Nguyen Giap davon überzeugt waren, dass die Partei letztlich auf eine Strategie der revolutionären Gewalt zurückgreifen müsse, um die Wiedervereinigung des Landes herbeizuführen, so lehnten sie doch die Linie von Le Duan ab, der für eine forcierte Durchsetzung plädierte. Die internen Meinungsverschiedenheiten in der Hanoier Parteiführung konnten 1959 noch durch Kompromissformeln verdeckt werden, Anfang der sechziger Jahre trat der innerparteiliche Gegensatz jedoch offen zutage.[4]

Mit dem Ausbruch des chinesisch-sowjetischen Konfliktes Ende 1959 hatte sich das internationale Umfeld für die Auseinandersetzung in Vietnam grundlegend verändert. In dieser Phase bemühte sich Ho Chi Minh, der über gute Kontakte sowohl nach Moskau als auch nach Peking verfügte, als Vermittler zwischen den beiden Kontrahenten. Im Juli 1959 reiste er zunächst nach Moskau. Die sowjetische Führung versprach zwar weitere Wirtschaftshilfe für Nordvietnam, hielt aber in der Frage der Wiedervereinigung an der Strategie der Friedlichen Koexistenz fest. So müssten die Bestimmungen des Genfer Abkommens auf friedlichem Wege umgesetzt werden. Nach den Gesprächen in Moskau unternahm Ho Chi Minh ausgedehnte Reisen in die Ukraine, auf die Krim, in den Kaukasus und nach Kasachstan, um schließlich im August 1959 weiter nach Peking zu Gesprächen mit Liu Shaoqi und Zhou Enlai zu fahren. Diese befürworteten zwar Hanois Entscheidung, zur Strategie des revolutionären Krieges zurückzukehren, mahnten jedoch an, dass sich der Widerstand im Süden auf den politischen und paramilitärischen Kampf beschränken solle.[5]

In Beidaihe, einem Kurort, in den sich die chinesische Führung im Sommer zurückzog, traf sich Ho Chi Minh mit Mao und schlug ihm vor, die Polemik mit Moskau ruhen zu lassen und wieder gemeinsame Gespräche zu führen. Mao war jedoch nicht bereit, auch nur einen Deut von seiner Kritik an den «revisionistischen» Positionen der KPdSU abzugehen und damit den ideologischen Streit zu entschärfen.[6]

Während Ho Chi Minhs Abwesenheit hatten in Hanoi die Vorbereitungen für den 3. Kongress der *Lao-Dong*-Partei (Arbeiterpartei) stattgefunden, der schließlich am 5. September 1960 begann. Er befasste sich vor allem mit innenpolitischen Fragen, doch nutzte Ho Chi Minh in seiner Eröffnungsrede auch die Gelegenheit, die

6 Ho Chi Minh auf dem 3. Parteikongress der *Lao-Dong*-Partei, 1960.

Einheit der sozialistischen «Bruderparteien» zu beschwören und die Delegierten aus der Sowjetunion und der Volksrepublik China zu ermahnen, von gegenseitigen Angriffen auf dem Parteitag Abstand zu nehmen. Die *Lao-Dong*-Partei selbst nahm zum sino-sowjetischen Konflikt, der mit dem Abzug der sowjetischen Berater aus China im Juni 1960 eine neue Stufe erreicht hatte, keine Stellung. Allerdings war unübersehbar, dass diese von Ho Chi Minh befürwortete neutrale Haltung in der Hanoier Parteiführung immer schwieriger durchzusetzen war.

Die Fraktion um Le Duan, der auf dem Parteitag auch formell zum neuen Parteichef gewählt worden war, Le Duc Tho und Nguyen Chi Thanh, die die Kontrolle über den Partei- und Sicherheitsapparat und die Armee sicherstellten, bestimmte nunmehr die Politik in Nordvietnam. Die neue Parteiführung entschied, dass Ho Chi Minh, der auf dem Kongress auf seinem zeremoniellen Posten als Parteivorsitzender bestätigt worden war, nur noch eine «diplomatische und symbolische Rolle»[7] spielen solle.

Dass Ho Chi Minhs Einfluss allmählich schwand, zeigte sich in der Folge deutlich in der Innenpolitik. Er vertrat die Auffassung, dass beim Aufbau des Sozialismus Zwangsmaßnahmen vermieden und stattdessen «demokratische Methoden» und Überzeugungsarbeit angewandt werden sollten.

Seine moderate Haltung zum Klassenkampf hatte Ho Chi Minh im November 1960 auch in einem Gespräch mit Mao Zedong und Liu Shaoqi deutlich gemacht. Als Mao im Rückblick das sogenannte Shanghai-Massaker von 1927, bei dem die Truppen Chiang Kaicheks Tausende von Kommunisten töteten, als letztlich förderlich für die chinesische Revolution einschätzte, entbrannte eine Diskussion über die Notwendigkeit des Klassenkampfes. Für Ho Chi Minh war das Töten von Menschen unmoralisch. Mao dagegen fand es völlig normal, dass Revolutionäre Reaktionäre töteten, da Letztere ja auch Revolutionäre töteten – dies sei keine Frage der Moral. Liu Shaoqi ging noch weiter: Beim Umgang mit kapitalistischen Konterrevolutionären spiele Moral keine Rolle, «Moralisten» glaubten nicht an den Klassenkampf und seien deshalb keine Marxisten.[8]

Die rücksichtslose Durchführung von Säuberungskampagnen gegen vermeintliche Gegner gehörte für Mao zum Alltagsgeschäft. Hier bestand ein grundsätzlicher Gegensatz zu dem mehr auf Einheit und Harmonie bedachten Ho Chi Minh.

Das stark von konfuzianischen Wertvorstellungen geprägte Weltbild Ho Chi Minhs rief auch unter seinen Kollegen im innersten Führungskreis der *Lao-Dong*-Partei Kritik hervor. Dies galt vor allem für Parteichef Le Duan, der sich über den Präsidenten lustig machte: «Nun, was mich angeht, so bin ich besser als Onkel Ho. Er öffnet seinen Mund und redet über konfuzianische Werte wie menschliche Würde, Loyalität, gute Umgangsformen, Weisheit und Vertrauenswürdigkeit. Was ist das? Das ist antiquierter Feudalismus.»[9]

Die Kollektivierung der Landwirtschaft war seit 1958 in Nordvietnam ohne die Gewaltexzesse durchgeführt worden, die noch die

Landreform Mitte der fünfziger Jahre bestimmt hatten. Ebenso wenig hatte die vietnamesische Führung den 1958 von Mao eingeleiteten «Großen Sprung nach vorn» kopiert, der in China zu einer verheerenden Hungersnot geführt hatte.

Dennoch gab es ab Anfang 1960 auch Anzeichen dafür, dass sich in der vietnamesischen Republik der innenpolitische Kampf gegen «Konterrevolutionäre» verschärfte. Bereits bei der Verstaatlichung des Privathandels in den Städten Ende der fünfziger Jahre hatten viele militante Kader Ho Chi Minhs Ermahnung nicht mehr befolgt, dass die Bourgeoisie nicht der natürliche Gegner der sozialistischen Revolution in Nordvietnam sei und dass sie auf friedlichem Wege und ohne Zwang in «Mitglieder der Arbeiterklasse» umgeformt werden sollte. Viele Maßnahmen richteten sich vor allem gegen jene Teile der städtischen Bevölkerung, die angeblich den Aufbau des Sozialismus und den Kampf um die Wiedervereinigung sabotierten. Rund 6000 Bürger aus Hanoi und anderen Städten, die in der französischen Kolonialverwaltung tätig gewesen waren, wurden zur Zwangsarbeit in Umerziehungslagern in entlegenen Gebirgsregionen im Norden interniert. Andere Städter, die keinen «lupenreinen» Lebenslauf vorweisen konnten, d. h. in welcher Weise auch immer für die Franzosen oder die Regierung Bao Dai gearbeitet hatten und damit als politisch unzuverlässig galten, mussten in weniger dicht besiedelte Gebiete gehen und hier «neue ökonomische» Zonen errichten. In einer speziellen Kampagne wurden außerdem Jugendliche aus bürgerlichen intellektuellen und «profranzösischen» Familien aufgefordert, sich «freiwillig» an der Kampagne zu beteiligen und aufs Land zu ziehen.[10]

Ho Chi Minh reiste währenddessen im November 1960 zusammen mit Parteichef Le Duan und General Nguyen Chi Thanh zur Konferenz der kommunistischen Parteien nach Moskau. Noch einmal konnte er seine Rolle als Vermittler spielen: Als der chinesische Präsident Li Shaoqi aus Protest gegen die Anschuldigungen seitens der sowjetischen Delegierten wutentbrannt den Sitzungssaal verließ, holte ihn Ho Chi Minh zurück. Er sorgte dafür, dass ein offener Bruch vermieden wurde und in die Abschlusserklärung Formulierungen übernommen wurden, die sowohl die sowjetische als auch die chinesische Seite zufriedenstellten. Le Duan und Nguyen Chi Thanh folgten zwar Ho Chi Minhs Linie auf der Konferenz und behielten ihre persönliche Meinung für sich, machten jedoch nach ihrer Rückkehr im Politbüro ihrem Unmut darüber Luft, dass Ho Chi Minh keine eindeutige Position im Streit zwischen Moskau und Peking bezogen hatte.[11]

Ho Chi Minh befürchtete, dass der sino-sowjetische Konflikt die kommunistische Weltbewegung schwächen, die internationale Unterstützung für den Kampf Vietnams um die Wiedervereinigung unterminieren und damit einen Angriff der USA auf Vietnam wahrscheinlicher machen würde. Gleichzeitig misstraute er den Zielen Mao Zedongs und vermutete, dass dieser (mit Bezug auf die USA und die Sowjetunion) «auf einem Berg stehen würde, während die Tiger kämpfen».[12]

1961 setzte er seine Vermittlungsbemühungen zwischen Moskau und Peking unvermindert fort. Im Herbst 1961 nahm eine vietnamesische Delegation unter Vorsitz von Ho Chi Minh am 22. Parteikongress der KPdSU in Moskau teil. Als der chinesische Delegationsleiter Zhou Enlai nach einem Disput mit den Sowjets den Parteitag verließ und nach Peking zurückflog, blieb den Vietnamesen nichts anderes übrig, als Flagge zu zeigen: Auch Ho Chi Minh und Le Duan brachen ihren Parteitagsbesuch ab, schwächten diesen Schritt aber ab, indem sie eine Reise durch die baltischen Staaten machten und sich noch einige Zeit auf der Krim aufhielten, bevor sie schließlich nach Hanoi zurückflogen.

17 Ein schwankender Präsident
Die Kampagne gegen den «Revisionismus» (1963–1964)

Nach der Gründung der Nationalen Befreiungsfront Südvietnams (NLF) im Dezember 1960 ging die Auseinandersetzung dort in eine neue Phase über. Innerhalb eines Jahres hatte die NLF bereits 200 000 Anhänger. Als Reaktion erhöhten die USA ab 1961 die Zahl ihrer Militärberater in Südvietnam und setzten verstärkt auf Methoden der «counterinsurgency». So siedelte die Regierung Ngo Dinh Diem ab 1962 große Teile der ländlichen Bevölkerung in befestigte Dörfer («strategic hamlets») um, um auf diese Weise der NLF die Unterstützung zu entziehen.[1] Im selben Jahr hielt die sowjetische Führung unter Chruschtschow in der Kuba-Krise an ihrer Politik der Friedlichen Koexistenz fest. Dies verstärkte in Hanoi die Tendenz, auf die chinesische Linie umzuschwenken. Die chinesische Führung, die noch bis Anfang der sechziger Jahre mit der Lösung innenpolitischer Probleme wie dem fehlgeschlagenen «Großen Sprung nach vorn» beschäftigt war, war jetzt bereit zu helfen. Als Ho Chi Minh und General Nguyen Chi Thanh im Sommer 1962 in Peking vorstellig wurden und um Militärhilfe baten, sagte die chinesische Führung sofort ihre Unterstützung zu.[2]

Ho Chi Minh blieb jedoch vorsichtig. Die USA waren seiner Meinung nach militärisch sehr viel stärker als die Franzosen, und deshalb war zu viel Optimismus unangebracht. Der Widerstand im Süden – so Ho Chi Minh – sollte sich auf den Guerillakampf beschränken. Mit seiner Haltung in der Frage der Wiedervereinigung und seiner unverändert neutralen Position im sino-sowjetischen Konflikt geriet Ho Chi Minh ab Anfang 1963 zwischen die Fronten eines immer erbitterter geführten innerparteilichen Disputs.

Die Fraktion um Parteichef Le Duan forderte zunächst nur intern eine eindeutige Abkehr von der sowjetischen Strategie der

Friedlichen Koexistenz, plädierte für eine forcierte militärische Lösung der Wiedervereinigungsfrage und damit auch für eine eindeutige Hinwendung zur chinesischen Linie. Gleichzeitig forderte sie auch im innenpolitischen Bereich wie z. B. in der Frage der Kollektivierung der Landwirtschaft eine «härtere Gangart».

Gegner dieser Politik war eine Gruppe von Parteimitgliedern und Intellektuellen, deren Biographien eng mit der Sowjetunion verbunden waren oder die über ausländische Medien mit den neuen politischen und kulturellen Entwicklungen («Tauwetterperiode», Destalinisierung) in der Sowjetunion in Berührung gekommen waren. Sie nutzten die relativ liberale Linie Nikita Chruschtschows als Rechtfertigung für Kritik an der «militanten» Haltung der Le-Duan-Fraktion in innen- und außenpolitischen Fragen. In der internen Auseinandersetzung bezeichneten sich die Kontrahenten gegenseitig als «prosowjetisch», «rechtsabweichlerisch» oder «revisionistisch» bzw. «prochinesisch» und «maoistisch». Dies verdeckte jedoch, dass es dabei um mehr ging als um eine Positionierung im ideologischen Konflikt zwischen Moskau und Peking.[3]

Die «moderate Fraktion» wurde seit Anfang 1963 immer mehr in die Defensive gedrängt. In einem längeren Gespräch mit Vertretern der sowjetischen Botschaft in Hanoi Ende 1962 erklärte Duong Bach Mai, Mitglied des Ständigen Ausschusses der Nationalversammlung, dass im Politbüro nur noch Ho Chi Minh eine klar «prosowjetische» Position beziehe und «Genossen», die die Politik Moskaus massiv kritisierten, zu mehr Neutralität ermahne. Allerdings – so Duong Bach Mai – sei Ho Chi Minh schon «zu alt»; viele Entscheidungen würden ohne ihn getroffen, da er nicht mehr an allen Sitzungen der Parteiführung teilnehme.[4]

In dieser Phase geriet Ho Chi Minh zunehmend selbst in die Schusslinie der nunmehr dominierenden Fraktion um Le Duan und Le Duc Tho. So warf der Parteichef ihm vor, in der Frage der richtigen Wiedervereinigungsstrategie «zögerlich» zu sein. Scharfe Kritik äußerte auch der chinesische Staatspräsident Liu Shaoqi auf einer Sitzung des ZK der KPC: Im Kampf gegen den «Revisionismus» schwanke Ho Chi Minh, außerdem sei er schon immer ein «Rechtsopportunist» gewesen. Als China ihn zu einer Landreform drängte, habe Ho Chi Minh diese zuerst abgelehnt. Erst auf Stalins Geheiß habe er schließlich zugestimmt, eine Agrarreform durchzuführen. Im gegenwärtigen sino-sowjetischen Konflikt, so beklagte sich Liu Shaoqi weiter, veröffentliche die Demokratische Republik Vietnam sowohl chinesische als auch sowjetische Artikel in ihren Zeitungen. Schlimmer noch: Die *Lao-Dong*-Partei habe 60 000 Briefe von vietnamesischen Lesern erhalten, die den Wunsch äußerten, chinesische Artikel zu lesen, und Ho Chi Minh habe angeordnet, dass diese nicht länger abgedruckt werden sollten.[5]

Solche Kritik an der mangelnden sozialistischen Standfestigkeit des «kompromisslerischen» Ho Chi Minh hatten hochrangige Kader der KP Vietnams bereits seit den dreißiger Jahren vorgebracht. Nun hatten diese Anschuldigungen wieder Konjunktur.

Als Ho Chi Minh im Januar 1963 beim Besuch des tschechoslowakischen Staatspräsidenten Novotný ein Schlusskommuniqué unterzeichnete, in dem die Politik der Friedlichen Koexistenz befürwortet wurde, hielten ihm Le Duc Tho, der mächtige Leiter der Abteilung für Parteiorganisation, und To Huu, der Vorsitzende des Parteikomitees für Propaganda und Erziehung, vor, er habe sich von seinem Gesprächspartner aus der CSSR falsch über die chinesische Politik informieren lassen. Nach Erkenntnissen der DDR-Botschaft reagierte der nordvietnamesische Staatspräsident äußerst unwirsch: «Ho Chi Minh soll daraufhin die Genossen gefragt haben, ob sie ihm auch noch Vorschriften machen wollen», heißt es in dem entsprechenden Bericht.[6]

Der eigentlich verantwortliche Politiker, Außenminister Ung Van Khiem, musste seinen Posten räumen und an Xuan Thuy, der der Le-Duan-Fraktion zugerechnet wurde, abgeben. Diese und weitere personelle Umbesetzungen in der Hanoier Führung waren vorbereitende Maßnahmen für den Besuch des chinesischen Staatspräsidenten Liu Shaoqi im Mai 1963. Dessen Besuch stärkte die «prochinesische» und «militante» Fraktion in der nordvietnamesischen Führung, auch wenn sich Hanoi noch direkter Angriffe auf die Sowjetunion enthielt.

Mitte 1963 begann in Nordvietnam eine Kampagne gegen die «prosowjetische» Fraktion. Der enge Vertraute Ho Chi Minhs, Verteidigungsminister Vo Nguyen Giap, der sich indirekt für eine vorsichtige Wiedervereinigungsstrategie ausgesprochen hatte, wurde im Sommer 1963 nach Informationen des sowjetischen Botschafters in Hanoi faktisch unter Hausarrest gestellt. Präsident Ho Chi Minh – so der ADN-Korrespondent in Hanoi – sei «von der prochinesischen Gruppe vor die Alternative gestellt worden, entweder mit dem Politbüro zu gehen oder sich außerhalb der Führung zu stellen».[7] Ho Chi Minh habe sich der Mehrheit gebeugt, da für ihn die Einheit der Partei das höchste Gut sei. Obwohl ihm noch Konzessionen gemacht würden, sei sein Einfluss im Schwinden begriffen.

Mit einem programmatischen Leitartikel, der Anfang September 1963 in der Parteizeitung *Nhan Dan* («Das Volk») erschien, brachte Politbüromitglied Le Duc Tho eine neue Dimension in die innerparteiliche Auseinandersetzung. Er schrieb, dass es Parteimitglieder gebe, die Zweifel an der neuen militanten Wiedervereinigungsstrategie und der Wirtschaftspolitik der Partei, die auf eine forcierte Kollektivierung der Landwirtschaft und den Aufbau eines autarken Wirtschaftssystems abzielte, hegten. Die Partei – so Le Duc Tho – müsse jetzt kompromisslos gegen «Rechtsabweichlertum» und «Revisionismus» vorgehen. Mitglieder, die Ansichten verbreiteten, die nicht im Einklang mit Parteiresolutionen standen, sollten kritisiert und «in angemessener Weise diszipliniert» werden.[8]

Andere Vertreter der militanten Le-Duan-Fraktion stimmten in diese ideologische Kampagne gegen Gegner in den eigenen Reihen ein und erteilten der Politik der Friedlichen Koexistenz eine Absage: Nicht der Frieden, sondern die Gewalt sei «die Hebamme des sozialistischen Systems» und das geeignete Mittel, die Wiedervereinigung Vietnams herbeizuführen – so einer der Hanoier Chefpropagandisten. Auch General Nguyen Chi Thanh, der Konkurrent des als «prosowjetisch» eingestuften Verteidigungsministers Vo Nguyen Giap, kritisierte Parteimitglieder, die nicht das richtige Verständnis von der Notwendigkeit des Klassenkampfes hätten und die Opfer und Entbehrungen eines bewaffneten Kampfes um die Wiedervereinigung des Landes scheuen würden. Er forderte ebenfalls eine Verstärkung des ideologischen Kampfes innerhalb der Partei.[9]

Ho Chi Minhs Haltung in dieser immer schärfer geführten Debatte über die richtige Wiedervereinigungsstrategie schwankte. Nachdem der südvietnamesische Präsident Ngo Dinh Diem und sein Bruder Ngo Dinh Nhu Anfang November 1963 gestürzt worden waren, befürwortete Ho Chi Minh in einer Politbürositzung im Dezember die Verstärkung des politischen und militärischen Drucks auf das Saigoner Regime. Auch wenn die USA ihren Kampf um ein Zehnfaches eskalieren würden, «werden wir dennoch siegreich sein»,[10] verkündete Ho Chi Minh. Andererseits warnte er vor jeglichen Beschlüssen, die zu einer direkten Intervention der USA führen könnten. Er war nach wie vor überzeugt, dass die Führung in Hanoi gute Beziehungen sowohl zur Sowjetunion als auch zur Volksrepublik China aufrechterhalten musste und sich nicht einseitig auf die chinesische Linie festlegen durfte.

Nach Berichten der DDR-Botschaft in Hanoi gab es Hinweise darauf, dass Ho Chi Minh das offiziell propagierte Konzept für die Wiedervereinigung, das die Forcierung des bewaffneten Kampfes vorsah, nur bedingt teilte und auch eine friedliche Lösung der Südvietnamfrage für möglich hielt.[11] Dass der überaus populäre Ho Chi Minh mit seiner moderaten Haltung in den Augen der militanten Fraktion tatsächlich einen ernstzunehmenden Störfaktor darstellte, erklärt auch, warum in der zweiten Jahreshälfte 1963 verstärkt die sogenannte «Zwei-Fehler-Theorie» unter den Parteimitgliedern verbreitet wurde. Danach habe Ho Chi Minh zweimal Fehler begangen, mit fatalen Folgen für die Entwicklung Vietnams: einmal 1945/46, als er einen Kompromiss mit den Franzosen schloss – gemeint ist wohl das Ho-Chi-Minh-Sainteny-Abkommen vom März 1946 –, und ein zweites Mal 1954, als er die Beschlüsse der Genfer Konferenz zur Teilung des Landes akzeptierte. Zum Teil waren dies nichts als aufgewärmte alte Vorwürfe, die einige radikale Parteimitglieder bereits nach der Augustrevolution gegen den ihrer Ansicht nach zu kompromissbereiten Ho Chi Minh gerichtet hatten.[12]

In Vorbereitung des 9. Plenums, das Ende 1963 stattfinden sollte, spitzte sich die parteiinterne Debatte weiter zu. Eine Reihe von Parteikadern hatte aus Protest gegen den ihrer Meinung nach zu einseitig «prochinesischen» Kurs der Parteiführung Briefe an das Zentralkomitee geschickt und einen neutralen Kurs zwischen Peking und Moskau angemahnt. Die «Abweichler» setzten nach wie vor große Hoffnung auf Ho Chi Minh. Der machte jedoch bei den Diskussionen auf dem Plenum einen «hilflosen Eindruck». Am wichtigsten schien ihm zu sein, den Schein der Einigkeit in der *Lao-Dong*-Partei zu wahren. So eröffnete er die Beratungen mit dem Hinweis, «dass jede Mitteilung über das Plenum an Außenstehende Verrat an der Partei» bedeute.[13]

Vor Beginn der Parteiversammlung hatte ZK-Mitglied und *Dien-Bien-Phu*-Veteran Le Liem ein längeres Gespräch mit Ho Chi Minh, in dem er seine Besorgnis über den zu einseitig «prochinesischen» Kurs der Parteiführung um Parteichef Le Duan zum Ausdruck brachte. Er warnte den Präsidenten, dass auf dem Plenum eine Resolution mit direkten Angriffen gegen die Sowjetunion verabschiedet werden solle. Ho Chi Minh teilte Le Liems Besorgnis, ermunterte ihn regelrecht, auf dem Plenum seine Meinung offen zu vertreten, er würde ihn dann unterstützen. Aber als Le Liem dann auf der ZK-Sitzung tatsächlich die «prochinesische» Politik der Le-Duan-Fraktion kritisierte, sagte Ho Chi Minh kein Wort und ignorierte die hilfesuchenden Blicke Le Liems. Während die Diskussion immer schärfer wurde, verließ Ho Chi Minh den Tagungssaal, um im Gang eine Zigarette zu rauchen. Zehn Mitglieder des Zentralkomitees verweigerten der Abschlussresolution des Plenums, die die «antisowjetische» und militante Linie der Le-Duan-Fraktion bestätigte, ihre Zustimmung. Als Ho Chi Minh von einem Freund gefragt wurde, wie er gewählt habe, antwortete er nicht.[14]

Das 9. Plenum zeigte deutlich, dass Ho Chi Minh von der Le-Duan-Fraktion an den Rand gedrängt worden war und in zentralen politischen Fragen nicht mehr die Linie vorgab. Der Präsident selbst schien in dieser Phase resigniert zu haben. Weihnachten 1963 lud Ho Chi Minh den sowjetischen Botschafter zum Essen ein und kündigte an, dass er von seinen Ämtern zurücktreten wolle. Vielleicht wollte er damit auch den Sowjets zu verstehen geben, dass er die Aufgabe des neutralen Kurses nicht befürwortete, aber an Einfluss in der Führung verloren hatte.[15] Ho Chi Minh verschwand eine Zeitlang von der politischen Bühne und tauchte erst im März 1964 wieder auf einer «speziellen politischen Konferenz» auf, die einberufen worden war, um die Fraktionskämpfe innerhalb der Partei zu überspielen. So war «Einigkeit» wieder das Schlüsselwort in Ho Chi Minhs Rede – Einigkeit in der Partei und Einigkeit unter allen sozialistischen Ländern. Seine Bemerkungen zur Wiedervereinigungsfrage waren wieder ambivalent: Einerseits forderte er die friedliche Wiedervereinigung der beiden Landesteile in Übereinstimmung mit den Bestimmungen des Genfer Abkommens von 1954, andererseits versicherte er, dass die Bevölkerung Nordvietnams die Landsleute im Süden in ihrem patriotischen Kampf unterstütze. In der Parteiführung war jedoch spätestens seit dem 9. Plenum Ende 1963 die Entscheidung gefallen, die Wiedervereinigung des Landes auf militärischem Wege zu erreichen und deshalb den Kampf im Süden zu intensivieren.

Das Jahr 1964 stand im Zeichen einer Kampagne gegen Einflüsse des «modernen Revisionismus» in der Kommunistischen Partei Vietnams, die nicht nur die Partei selbst, sondern die ganze Bevölkerung in Nordvietnam erfasste. Ziel war die Ausschaltung von echten und vermeintlichen Gegnern, die von «revisionistischen Ideen» beeinflusst waren und sich nicht eindeutig zur neuen militanten Wiedervereinigungsstrategie bekannt hatten. Neben vielen Kadern, die in die parteiinterne Mühle von Kritik- und Selbstkritiksitzungen kamen und in der Folge auf unwichtige Posten abgeschoben wurden, geriet auch Verteidigungsminister Vo Nguyen Giap in das Visier der Parteisäuberer. Sein hohes Ansehen als «Sieger der Schlacht von Dien Bien Phu» schützte ihn jedoch vor direkten Angriffen. Um Giaps Position zu schwächen, konzentrierten sich seine Gegner deshalb auf einen seiner engen Mitarbeiter.

Unverhohlene Angriffe auf die Sowjetunion, vor denen Ho Chi Minh immer wieder gewarnt hatte, waren jetzt an der Tagesordnung. Wegen ihres Festhaltens an der Politik der Friedlichen Koexistenz wurde die Moskauer Führung als «feige» beschimpft, der in Vietnam unbeliebte Chruschtschow wurde intern als «der Typ mit Glatzkopf» bezeichnet. Studenten und Kader, die in der Sowjetunion und anderen als «revisionistisch» eingestuften Ländern wie der DDR studierten, wurden nach Hause zurückbeordert, um sie hier in Schulungskursen auf die richtige ideologische Linie zu bringen.

Wieder einmal weitete sich die Kampagne auch auf die Kultur aus. Sie richtete sich vor allem gegen Schriftsteller, Musiker, Filmregisseure und andere, die sich in ihren Werken von «revisionistischem Gedankengut» hatten leiten lassen und Ideen eines «allgemeinen Humanismus» verbreitet hatten. In den Augen der nordvietnamesischen Kulturwächter kam besonders den «Kulturschaffenden» als «Ingenieuren der Seele» eine besondere Rolle bei der Verbreitung der Parteilinie und der geschlossenen Mobilisierung der Bevölkerung für den Krieg zu. Sie sollten den Krieg «als ein Fest für das ganze Volk» feiern.[16]

18 «Old Ho», die machtlose Ikone Im Krieg gegen die USA (1964–1969)

Die einseitige Anlehnung an die Volksrepublik China und die Angriffe auf die Sowjetunion und andere sozialistische Staaten, vor denen Präsident Ho Chi Minh immer gewarnt hatte, hielten nur bis Ende 1964 an. Mit dem Sturz Chruschtschows im Oktober 1964 und der Übernahme der Macht durch Breschnew und Kossygin, die dem Vietnamkonflikt eine größere Bedeutung beimaßen, waren die Voraussetzungen für eine Verbesserung der Beziehungen gegeben.

Die erneute Hinwendung Hanois nach Moskau war aber nicht nur eine Reaktion auf das Revirement in der sowjetischen Führung, sondern vor allem auf Ereignisse auf dem vietnamesischen Kriegsschauplatz. Nach dem sogenannten Tonkin-Zwischenfall, bei dem im August 1964 angeblich US-Kriegsschiffe im Golf von Tonkin von nordvietnamesischen Schnellbooten beschossen worden waren, hatte US-Präsident Lyndon B. Johnson die begrenzte Bombardierung von Zielen in Nordvietnam angeordnet. Ab Februar 1965 wurde Nordvietnam systematisch bombardiert; die Luftangriffe («Rolling Thunder») wurden erst im Oktober 1968 eingestellt. Außerdem landeten im März 1965 die ersten US-Bodentruppen am Strand von Danang. Der Vietnamkrieg hatte begonnen.[1]

Die Hoffnung der nordvietnamesischen Führung, im Süden einen militärischen Sieg erringen zu können, bevor die USA mit Waffen intervenieren konnten, hatte sich damit nicht erfüllt. Nun stand die direkte Konfrontation mit der Großmacht USA bevor – Hanoi musste seine Strategie überdenken. Gegen die hochgerüstete US-Armee war die Demokratische Republik Vietnam auf technologisch hochentwickelte Waffen wie Boden-Luft-Raketen angewiesen, die nur die Sowjetunion liefern konnte.

Die neue Führung in Moskau hatte ihrerseits erkannt, dass sie sich angesichts der direkten US-Intervention in Vietnam nicht mehr länger aus dem Konflikt heraushalten konnte. Während eines Besuches in Hanoi im Februar 1965 versprach der sowjetische Ministerpräsident Kossygin umfassende Militärhilfe.

Die Aufrechterhaltung guter Beziehungen sowohl zu Moskau als auch zu Peking war ganz im Sinne Ho Chi Minhs. Der Kult um den Präsidenten intensivierte sich in diesen Jahren. In vielen Gedichten und Liedern wurde er *Nguoi*, «der Mensch», genannt, eine besondere Bezeichnung im Vietnamesischen, in dem die Substantive in der Regel nicht groß geschrieben werden. Diese Ehre wurde ihm als einzigem vietnamesischen Politiker zuteil.[2] In Vietnam und im Ausland wurde Ho Chi Minh zum Symbol des vietnamesischen Widerstandes gegen die amerikanische Intervention. Entsprechend sah US-Präsident Lyndon B. Johnson in «Old Ho», wie er ihn bezeichnete, seinen Hauptgegner. Er überschätzte aber dessen Machtposition in der Partei, wenn er meinte, er müsse nur einmal die Gelegenheit zu einem längeren Treffen mit dem pragmatischen «Old Ho» haben, dann könne man sich schon irgendwie einigen.[3]

Ho Chi Minhs Marginalisierung innerhalb der Partei, die mit der Machtübernahme der Le-Duan-Fraktion begonnen und sich in den innerparteilichen Fraktionskämpfen 1963 und 1964 verstärkt hatte, setzte sich nach Ausbruch des Krieges weiter fort. Die hohe Einschätzung der Bedeutung Ho Chi Minhs im Ausland deckte sich deshalb nicht mit den tatsächlichen Machtverhältnissen in Nordvietnam. Zwar wurde er als Ikone der Revolution verehrt, doch wie Pierre Brocheux treffend formulierte: «einmal auf den Sockel gehoben, ist seine Fähigkeit, ins Tagesgeschehen einzugreifen, geschwächt, ebenso wie sein unmittelbarer Einfluss.»[4]

Seit 1965 war Ho Chi Minh auch aus gesundheitlichen Gründen nicht mehr in der Lage, aktiv an den Partei- und Regierungsgeschäften teilzunehmen. Sofern es seine Gesundheit zuließ, nahm er noch an Politbürositzungen teil und gab seinen jüngeren Kollegen Ratschläge; die wichtigen Entscheidungen wurden jetzt jedoch von der Gruppe um Le Duan, Le Duc Tho und Nguyen Chi

7 Ho Chi Minh mit Kindern, 1967.

Thanh getroffen. Ho Chi Minh wurde nicht mehr täglich konsultiert und beschränkte sich vor allem auf Besuche von Schulen, Fabriken, Kooperativen und Militäreinheiten. Auf den Bildern, die bei diesen Gelegenheiten nach einem vorgegebenen Muster von den Hanoier Hofphotographen gemacht wurden, sieht man «Onkel Ho» umringt von lächelnden Kindern, Arbeitern, Bauern und Soldaten. Seine unbestreitbare Beliebtheit in der Bevölkerung setzte die Partei ein, um die Kampfmoral zu stärken. Ho Chi Minhs Parolen wie *«Khong co gi quy hon doc lap, tu do»* («Es gibt nichts Wichtigeres als Unabhängigkeit und Freiheit») wurden zu wichtigen Propagandawaffen im Kampf gegen die Supermacht USA und überdauerten den Krieg.

Im Mai 1965 feierte Ho Chi Minh seinen 75. Geburtstag. Die Verschlechterung seines Gesundheitszustandes war nun unübersehbar. Ausländischen Besuchern fiel auf, dass seine Aufmerksamkeit nachließ und er bei Gesprächen häufiger einnickte. Aus Anlass seines runden Geburtstages schrieb Ho Chi Minh sein erstes Testament.[5] Darin rief er die Partei auf, ihre Einheit zu wahren, und brachte seine Hoffnung zum Ausdruck, dass die kommunistische Weltbewegung wieder zu ihrer Geschlossenheit zurückfinden würde. Um nicht «die Zeit und das Geld des Volkes zu verschwenden»,[6] verbat er sich große Begräbnisfeierlichkeiten. Er wünschte sich eine einfache Feuerbestattung; seine Asche sollte in einer Urne auf einem Berg in der Nähe von Hanoi vergraben werden. An der Grabstätte sollte dann ein einfaches Gästehaus für die Besucher gebaut werden. Das Testament war von Parteichef Le Duan gegengezeichnet worden.

Ho Chi Minh hielt sich jetzt immer häufiger zur medizinischen Behandlung in der Volksrepublik China auf und verknüpfte dies mit politischen Gesprächen. Im Mai 1965 traf er sich mit Mao Zedong und bat um eine Ausweitung der chinesischen Militärhilfe. Danach besuchte er den Geburtsort von Konfuzius in der Provinz Shandong. Zu diesem Anlass rezitierte Ho Chi Minh klassische chinesische Verse, die Konfuzius' starke Verbundenheit mit dem Prinzip der «großen Einheit» widerspiegelten – ein Prinzip, das auch sein politisches Wirken durchzog.[7] Seinen 76. Geburtstag im Mai 1966 verbrachte Ho Chi Minh erneut in China und besuchte Peking, die Provinz Shandong und die Mandschurei.

Ho Chi Minh lebte weiterhin in seinem einfachen Pfahlhaus, nur bei Bombenangriffen durch amerikanische B52-Bomber zog er notgedrungen in einen auf dem Gelände des Präsidentenpalastes extra errichteten Bunker um. Er versuchte sich durch tägliche Morgengymnastik fit zu halten, doch war sein körperlicher und geistiger Verfall unübersehbar. Häufig wurde er gar nicht mehr hinzugezogen, wenn wichtige Entscheidungen anstanden. Parteichef Le Duan sagte dann üblicherweise: «Ersparen wir Onkel [Ho] die Sorgen. Wir sollten unseren obersten Führer nicht stören.»[8]

Das Jahr 1967 verbrachte Ho Chi Minh überwiegend in China, um sich dort medizinisch behandeln zu lassen. Zwischen Mitte

April und Ende Juli wurde er – so ausländische Beobachter – nicht in Hanoi gesehen und feierte seinen Geburtstag offensichtlich wieder in China. Nach kurzem Aufenthalt in Hanoi ging er bereits im September wieder zu einem längeren Kuraufenthalt in die Berge in der Nähe von Peking und kehrte erst Ende des Jahres wieder nach Vietnam zurück.

Im Mai 1967 berief Parteichef Le Duan eine außerordentliche Sitzung des Politbüros ein. Nguyen Luong Bang, ein langjähriger Kampfgenosse Ho Chi Minhs, wurde damit beauftragt, im Namen des Zentralkomitees den Gesundheitszustand des Präsidenten zu überwachen. Außerdem wurde das Politbüromitglied Le Thanh Nghi nach Moskau geschickt, um sich dort im Lenin-Mausoleum zusammen mit ausgewählten vietnamesischen Ärzten darüber zu informieren, wie man die sterblichen Überreste Ho Chi Minhs nach dessen Tod am besten konservieren könnte.[9] Damit war auch klar, dass sich das Politbüro über den letzten Willen des Präsidenten, der eine Feuerbestattung vorsah, hinwegsetzen würde. Dementsprechend sollte über den Beschluss der Parteiführung absolutes Stillschweigen bewahrt werden. Die gesamte Delegation wurde von Le Duc Tho, dem Leiter der Abteilung für Parteiorganisation, dazu vergattert, niemandem, auch nicht den engsten Familienangehörigen, vom wahren Grund ihrer Reise zu erzählen. Ho Chi Minh dürfe über diese Angelegenheit nichts erfahren, sonst «wäre er traurig und würde die Umsetzung des Planes nicht gestatten».[10]

Nicht nur in diesem Punkt war die Informationspolitik des Politbüros gegenüber Ho Chi Minh selektiv. Dies und sein schlechter Gesundheitszustand blieben auch den Diplomaten befreundeter sozialistischer Staaten in Hanoi nicht verborgen. Bei einem Besuch in der DDR-Botschaft sagte der 3. Sekretär der sowjetischen Botschaft in Hanoi: «Genosse Ho Chi Minh ist aufgrund seines Alters nicht mehr in der Lage, einen entscheidenden Einfluss auf die Politik der PWV [Partei der Werktätigen Vietnams] und Regierung der DRV [Demokratischen Republik Vietnam] auszuüben. Die Informationen, die er erhält, werden vom ZK der PWV streng gesteuert.»[11]

Ho Chi Minh besaß jetzt nicht mehr genügend Autorität, um zwischen den verschiedenen Fraktionen in der Parteiführung zu vermitteln. Zwar war die Partei einig im Bestreben, den Kampf gegen die südvietnamesische Regierung und die US-Truppen im Süden bis zum Ende zu führen, um so die Wiedervereinigung des Landes zu erreichen, doch gab es insbesondere an der Parteispitze Meinungsverschiedenheiten über die adäquate Militärstrategie und andere wichtige Fragen. Eine klare Fraktionsbildung lässt sich nicht festmachen, doch einige hohe Kader wie General Nguyen Chi Thanh verfolgten eine aggressive Militärstrategie, die in den ersten Kriegsjahren mit erheblichen Verlusten auf Seiten der Nordvietnamesen und der Nationalen Befreiungsfront NLF verbunden war, während andere wie Verteidigungsminister Vo Nguyen Giap eher für ein vorsichtigeres Vorgehen gegen die US-Streitkräfte plädierten. Ein weiterer Streitpunkt war die Frage, ob nicht Verhandlungen mit den USA eine größere Bedeutung geschenkt werden sollte.[12]

Darüber hinaus bestanden im Politbüro vor allem zwischen Parteichef Le Duan und Vo Nguyen Giap Animositäten, die noch aus den fünfziger Jahren herrührten, als die beiden Konkurrenten um den Parteivorsitz waren. Über diese Uneinigkeit in der Parteiführung war Ho Chi Minh betrübt. Seine Vermittlungsbemühungen blieben ohne Erfolg. Seit 1966 lud er die Mitglieder des Politbüros samstags zum Essen ein, um ihnen die Gelegenheit zu geben, sich in zwangloser Atmosphäre auszusprechen. In der Praxis beschränkten sich seine Gäste jedoch auf das Essen und Trinken, ein Gespräch über strittige Punkte kam nicht zustande.[13]

Mitte 1967 kam es in der Parteiführung zu einer Debatte über die weitere Kriegsführung. Seit längerem liefen in Hanoi Planungen für eine Großoffensive in Südvietnam, mit der eine Wende auf dem Kriegsschauplatz herbeigeführt werden sollte. Der ursprüngliche Plan, der vor allem von General Nguyen Chi Thanh vorangetrieben wurde, sah einen breiten Angriff erst nach einer entscheidenden Schwächung der feindlichen Kräfte vor. Nach dem plötzlichen Tod Nguyen Chi Thanhs im Juli 1967 nahmen Parteichef Le Duan und

Van Tien Dung, der Generalstabschef der Vietnamesischen Volksarmee, jedoch eine wichtige strategische Änderung vor: Sie wollten «alles auf eine Karte setzen» und direkt mit der landesweiten Offensive in Südvietnam beginnen, ohne die vorherige Schwächung des südvietnamesischen und amerikanischen Militärapparates abzuwarten.

Dieser neue Plan stand auf der Tagesordnung einer Politbürositzung im Juli 1967, an der auch Ho Chi Minh teilnahm, bevor er sich wieder zu einer längeren medizinischen Behandlung nach China begab. Ho Chi Minh kritisierte den Plan als «subjektiv» und mahnte an, dass die militärische Stärke des Feindes beachtet und die eigenen menschlichen Ressourcen geschützt werden müssten. Ob Verteidigungsminister Giap an der Politbürositzung teilnahm, ist unklar, allerdings ist belegt, dass er wie Ho Chi Minh eine Generaloffensive von einer vorherigen Lähmung der südvietnamesischen und amerikanischen Verbände abhängig machte. Der Verteidigungsminister, von Parteichef Le Duan als zu «zögerlich» charakterisiert, erkannte wohl, dass er sich mit seinen Bedenken nicht durchsetzen würde, und fuhr im Herbst 1967 nach Ungarn, um sich dort ärztlich behandeln zu lassen.[14]

Giaps längere Abwesenheit – er kehrte erst im Februar 1968, also nach Beginn der sogenannten Tet-Offensive, nach Hanoi zurück – hing möglicherweise auch mit einer Verhaftungswelle zusammen, der ab Mitte 1967 etwa 200 bis 300 Kader zum Opfer fielen. Den Verhafteten, die ohne einen Prozess bis 1972 und 1973 in Lagern in Nordvietnam festgehalten wurden, wurde ein «Komplott» mit einer ausländischen Macht mit dem Ziel, die Regierung unter Ho Chi Minh zu stürzen, vorgeworfen. Die Hintergründe dieser als «Anti-Partei-Affäre» bekannt gewordenen Säuberungsaktion, die in Vietnam nach wie vor Tabuthema ist, sind bis heute unklar. Vermutlich ging es dem nordvietnamesischen Sicherheitsapparat darum, in einer kritischen Phase des Krieges, in der die Vorbereitungen zur Großoffensive liefen, jeglichen politischen Dissens und moderate Kräfte auszuschalten. Es gibt auch glaubwürdige Quellen, wonach sich die Verhaftungswellen in erster Linie gegen Verteidigungsminister Giap richteten und seine Stellung unterminiert werden sollte. Auffällig ist, dass sich unter den Verhafteten viele seiner engsten Mitarbeiter befanden.

Langfristig führte die Verhaftungswelle zu einer ideologischen Verhärtung, die die politische Kultur Nordvietnams bis in die Nachkriegsperiode hinein bestimmte. Welche Rolle Ho Chi Minh dabei spielte beziehungsweise ob er überhaupt von der Parteisäuberung wusste, lässt sich schwer sagen. Postum wurde ihm der Vorwurf gemacht, sich nicht für enge Vertraute wie Vu Dinh Huynh, seinen früheren Sekretär, und andere Kader und Offiziere, die sich im Widerstandskampf gegen die Franzosen große Verdienste erworben hatten, eingesetzt zu haben.[15]

Als die Verhaftungswellen Mitte 1967 begannen, befand sich Ho Chi Minh zur medizinischen Behandlung in China. Er unterbrach seinen Aufenthalt nur kurz, um an der Politbürositzung im Dezember 1967 teilzunehmen, auf der die endgültige Entscheidung zur Tet-Offensive getroffen wurde. Allerdings verfügte er nicht mehr über ausreichend Kraft und Autorität, um sich mit seinen Bedenken gegen Le Duan durchzusetzen. Kurz danach ging er wieder nach China zurück.

Über den Verlauf der Tet-Offensive, die am 31. Januar 1968 begonnen hatte, wurde Ho Chi Minh dann von Politbüromitglied Le Duc Tho am Krankenbett in einem Pekinger Krankenhaus informiert. Le Duc Tho präsentierte dem Präsidenten die Offensive als großartigen Sieg, obwohl genau das eingetreten war, was Ho Chi Minh befürchtet hatte: Zwar stellte die Offensive einen propagandistischen Erfolg für Nordvietnam und die NLF dar und brachte die erhoffte Wende im Krieg, doch war sie rein militärisch eine Niederlage und mit sehr hohen Verlusten verbunden. Auch war es in Südvietnam nicht zu dem erhofften Generalaufstand der Bevölkerung gegen die von den USA gestützte Saigoner Regierung gekommen.

Als Le Duc Tho von seiner bevorstehenden Reise nach Südvietnam berichtete, äußerte Ho Chi Minh den Wunsch, ihn zu begleiten. Le Duc Tho führte eine Reihe von praktischen Gründen an, die gegen eine solche Reise sprachen, doch Ho Chi Minh blieb hartnäckig. Le Duc Tho versprach schließlich, die ganze Sache zu überdenken, tatsächlich wurde die Bitte des Präsidenten in Hanoi jedoch auf die lange Bank geschoben.

Die Ereignisse von 1967 und 1968 – die Durchführung einer Säuberungsaktion innerhalb der *Lao-Dong*-Partei und der Entschluss zur Tet-Offensive – machten ein weiteres Mal deutlich, dass der Einfluss Ho Chi Minhs auf den politischen Entscheidungsprozess in seinen letzten Lebensjahren viel geringer war, als im Ausland angenommen wurde.[16]

Im April 1968 kehrte er nach Hanoi zurück und nahm an einer Politbürositzung teil, auf der die Ergebnisse der Tet-Offensive diskutiert wurden. Anfang Mai wurde er darüber informiert, dass US-Präsident Johnson einen partiellen Stopp der Bombardierungen und die Bereitschaft zu Friedensverhandlungen verkündet hatte. Bei der Entscheidung, ob Hanoi das Verhandlungsangebot annehmen sollte, wurde Ho Chi Minh offensichtlich nicht zu Rate gezogen, doch machte er seinen Kollegen im Politbüro Vorschläge und mahnte sie zur Vorsicht.

Im Mai 1968 nahm Ho Chi Minh Änderungen an seinem Testament vor, insbesondere in den Abschnitten zu seinen persönlichen Angelegenheiten. Er wünschte nun, dass seine Asche in drei Urnen aufgeteilt und auf Hügeln in Nord-, Zentral- und Südvietnam vergraben würde.[17] Doch während Ho Chi Minh letzte Verfügungen machte, wurden in Hanoi ganz andere Vorbereitungen für den «Tag X» getroffen: Im Armeekrankenhaus 108 wurden vietnamesische Ärzte von sowjetischen Spezialisten in der Kunst der Konservierung von Leichen unterwiesen. Gleichzeitig entsandte die Führung Kader nach Bulgarien, die sich dort über die Organisation eines Staatsbegräbnisses informieren sollten. Außerdem machte sich ein hoher vietnamesischer Kader bereits im März 1968 in Moskau darüber kundig, wie man ein Mausoleum bauen könne.[18]

Während des vietnamesischen Neujahrsfestes 1969 verließ Ho Chi Minh zum letzten Mal Hanoi und besuchte die Provinzhauptstadt Son Tay. Im April nahm er noch einmal an einer Politbürositzung teil. Im Mai feierte der Präsident seinen 79. Geburtstag und schrieb die letzte Fassung seines Testaments. Im schwül-heißen Sommer in Hanoi verschlechterte sich sein Gesundheitszustand immer weiter. Bei einem Besuch des Hanoier Westsees im August 1969 zog er sich eine Bronchitis zu. Als er am 23. August über Schmerzen im Brustkorb klagte, diagnostizierten die Ärzte einen Herzinfarkt. Am Morgen des 2. September 1969, genau vierundzwanzig Jahre nachdem Ho Chi Minh auf dem Ba-Dinh-Platz in Hanoi die Unabhängigkeit Vietnams ausgerufen hatte, hörte sein Herz auf zu schlagen.[19]

19 Die Inszenierung einer Ikone
Ho Chi Minh heute

Der Kult um Ho Chi Minh, den dieser auch selbst befördert hatte, war bereits zu Lebzeiten seiner Kontrolle entzogen, nahm jedoch nach seinem Tod neue Dimensionen an. In Nordvietnam entstanden in dieser Phase eine ganze Reihe von Liedern und Gedichten wie *Ho Chi Minh dep nhat ten Nguoi* («Ho Chi Minh, der Name dieses Menschen ist am schönsten») oder *Nguoi la niem tin tat thang* («Der Mensch [Ho Chi Minh] ist das Vertrauen in den vollständigen Sieg»), die der Trauer um den Tod des Präsidenten Ausdruck verliehen und ihn als außergewöhnlichen Politiker feierten.

Das Politbüro gab den Tod des Präsidenten erst am 4. September 1969 bekannt und verlegte seinen Todestag auf den 3. September – erst einundzwanzig Jahre später sollte öffentlich erklärt werden, warum. Die von vietnamesischen und sowjetischen Ärzten einbalsamierten sterblichen Überreste Ho Chi Minhs wurden im Gebäude der Nationalversammlung in einem gläsernen Sarkophag aufgebahrt. Der Verstorbene war in einen schlichten Khakianzug gekleidet, wie er ihn zu Lebzeiten immer getragen hatte. Am Fußende lagen die mittlerweile sprichwörtlich gewordenen Ho-Chi-Minh-Sandalen aus Plastik. Diese Bekleidung sollte den bescheidenen Lebensstil des verstorbenen Präsidenten zeigen.[1]

Am 9. September 1969 fand auf dem historischen Ba-Dinh-Platz eine große öffentliche Trauerfeier statt – ebenfalls ganz entgegen dem Wunsch des Präsidenten in seinem Testament. Unter großer Anteilnahme der Bevölkerung, die die Trauerfeierlichkeiten im ganzen Land über Lautsprecher mitverfolgen konnte, und vieler ausländischer Gäste nahm das Land Abschied von Ho Chi Minh. In seiner Trauerrede schwor Parteichef Le Duan die Bevölkerung darauf ein, den Kampf um die Wiedervereinigung bis zum Ende zu führen. Außerdem verlas er das Testament Ho Chi Minhs – allerdings in einer vom Politbüro stark redigierten Fassung, in der auch der Passus über die Feuerbestattung fehlte.

Bereits im November 1969 beschloss die Parteiführung, ein Mausoleum für die sterblichen Überreste Ho Chi Minhs zu bauen. Die Bauarbeiten begannen nach dem Abschluss des Pariser Friedensabkommens im Januar 1973 und wurden im August 1975 abgeschlossen – einige Monate nach dem Sieg Nordvietnams und der NLF über das von den USA gestützte südvietnamesische Regime. Seitdem wird die einbalsamierte Leiche Ho Chi Minhs, die den Krieg in einem extra errichteten Bunker am Berg Ba Vi in der Provinz Ha Tay überdauert hat, in einem Sarkophag im Mausoleum auf dem Ba-Dinh-Platz präsentiert. Die Monumentalität des Mausoleums spiegelt die siegestrunkene Stimmung wider, die die vietnamesische Führung nach dem Sieg über die Großmacht USA 1975 erfasst hatte. Dass das Mausoleum sich architektonisch an ähnliche Gedenkstätten in anderen sozialistischen Ländern anlehnt, stellt außerdem den Versuch des Politbüros dar, Ho Chi Minh als Gründungsmitglied der Kommunistischen Partei Frankreichs und Komintern-Mitglied in das Pantheon der großen Führer der kommunistischen Weltbewegung einzureihen.[2]

Anlässlich des einhundertsten Geburtstages von Ho Chi Minh 1990 legte Vu Ky, sein langjähriger Sekretär, offen, dass die Partei den letzten Willen des Präsidenten nicht respektiert und zudem dessen Todestag auf den 3. September verlegt hatte. Das Zentralkomitee der KP Vietnam sah sich nun gezwungen, Stellung zu nehmen, und erklärte die Verlegung damit, dass der Sterbetag Ho Chi Minhs nicht mit dem Nationalfeiertag am 2. September zusammenfallen sollte. Die Entscheidung, die sterblichen Überreste des Präsidenten in eklatanter Nichtbeachtung seines letzten Willens zu konservieren und in einem monumentalen Mausoleum zur Schau zu stellen, verteidigte die Parteiführung damit, auch den Landsleuten aus Südvietnam nach Kriegsende Gelegenheit geben zu wollen, Ho Chi Minh die letzte Ehre zu erweisen.[3]

8 Das Ho-Chi-Minh-Mausoleum in Hanoi, 2006.

Der Bau des Mausoleums ist vor allem unter Vietnamesen im Ausland umstritten, in Vietnam selbst ist es nach wie vor sakrosankt. Dort richtet sich die Kritik eher gegen das Ho-Chi-Minh-Museum, das 1990 eingeweiht wurde und sich ebenfalls auf dem Ba-Dinh-Platz ganz in der Nähe des Mausoleums befindet. Während das Mausoleum die Verbindung Ho Chi Minhs zur kommunistischen Weltbewegung herstellt, hat das Museum einen stärker «nationalen» Charakter: Hier steht Ho Chi Minh in einer Reihe mit den Urahnen des vietnamesischen Volkes, dem Drachenkönig Lac Long Quan und der Fee Au Co, mit Nationalheroen wie Tran Hung Dao, der im 13. Jahrhundert eine Invasion der Mongolen zurückschlug, und Le Loi, der im 15. Jahrhundert die Ming aus Vietnam vertrieb.[4]

Seit Beginn der Reformpolitik *(doi moi)* in den achtziger Jahren, in deren Verlauf es auch zu einer Revitalisierung religiöser Traditionen kam, vollzieht sich die Umformung Ho Chi Minhs in ein Objekt ritueller Verehrung. In den neunziger Jahren wählten zwei Dörfer in der Provinz Vinh Phu und in der Nähe Hanois Ho Chi Minh zu ihrem «Dorfschutzgeist». Obwohl die Ernennung verstorbener politischer Führer und Nationalhelden zu Dorfschutzgeistern in Nordvietnam eine lange Tradition hat, wurde der Antrag der Dorfbewohner, den Kult um Ho Chi Minh als eine offizielle Religion anzuerkennen, von den zuständigen Behörden abgelehnt. Die Verehrung des früheren Präsidenten auf dörflicher Ebene ließ sich durch administrative Akte allerdings nicht verbieten, auch wenn Ho Chi Minh in den Dörfern nun nicht mehr als «erster Schutzpatron» verehrt wird.[5]

Gleichzeitig lässt sich im heutigen Vietnam auch auf staatlicher Ebene eine Neubewertung Ho Chi Minhs und eine Ausweitung des Ho-Chi-Minh-Kults feststellen. Als die Kommunistische Partei Vietnams nach zehn Jahren der Stagnation 1986 marktwirtschaftliche Reformen einleitete, berief sie sich auch auf den Pragmatiker Ho Chi Minh, der anders als etwa der langjährige Parteichef Le Duan für eine weniger rigorose Herangehensweise beim Aufbau des Sozialismus plädiert hatte.

Zwar baut Vietnam nach offizieller Lesart eine «Marktwirtschaft mit sozialistischer Orientierung» *(kinh te thi truong dinh huong xa hoi chu nghia)* auf, doch seit der Marxismus-Leninismus nach dem Zusammenbruch der sozialistischen Regime in Osteuropa als herrschaftslegitimierende Ideologie ausgedient hat, fungieren die sogenannten «Ho-Chi-Minh-Ideen» als Ersatzideologie. So sind seit Mitte der neunziger Jahre im Verlag für Staatliche Politik zahlreiche voluminöse Bücher mit Titeln wie «Ho Chi Minh – ein bedeutender Theoretiker» (2005), «Die Ho-Chi-Minh-Ideen und die Entwicklung der Kultur und des Menschen» (2007) oder «Die Volkspolizei verwirklicht die sechs Lektionen Onkel Hos in der Epoche der Industrialisierung und Modernisierung des Landes» (1998) erschienen. Bereits 1991 stellte die KP Vietnams die «Ho-Chi-Minh-Ideen» auf eine Ebene mit dem Marxismus-Leninismus: «Die Partei nimmt den Marxismus-Leninismus und die Ho-Chi-Minh-Ideen als ideologische Basis, als Kompass ihrer Tätigkeit.»[6] Eine jüngere Publikation des Nationalen Ho-Chi-Minh-Instituts für Politik – eine Art Thinktank der Partei – definierte sie sogar als neue Stufe in der Entwicklung der marxistischen Theorie.[7]

Dabei sind die zentralen Bestandteile der «Ho-Chi-Minh-Ideen» genau die stark vom Konfuzianismus geprägten moralischen Werte wie Rechtschaffenheit, persönliche Integrität und Sparsamkeit, an deren Bedeutung der Präsident in seinen Reden und Schriften immer wieder erinnert hat und die er auch selbst vorlebte. Es ist eine Ironie der Geschichte, dass Ho Chi Minh postum in den Rang eines Theoretikers erhoben wurde und die von ihm propagierten Werte im heutigen Vietnam als moralische Richtschnur vor allem im Kampf gegen die weitverbreitete Korruption dienen sollen. Zu Hos Lebzeiten hatte der langjährige Parteichef Le Duan sich noch über das «ständige Gerede» des Präsidenten vom Konfuzianismus lustig gemacht und dies als «altmodischen Feudalismus» bezeichnet.[8]

Bezeichnend ist auch, dass in den staatlichen Medien und offiziellen Gedenkstätten wie dem Mausoleum zwar die Sparsamkeit Ho Chi Minhs als einer seiner wesentlichen Charakterzüge vermittelt wird, aber dass etwa während der landesweiten Bewegung «Vierzig Jahre Durchführung des Testaments von Onkel Ho» 2010 unerwähnt blieb, dass er sich in seinem letzten Willen ausdrücklich gegen die Verschwendung von öffentlichen Geldern für Begräbnisfeierlichkeiten und eine Grabstätte ausgesprochen hatte.

Neben der Verbreitung der «Ho-Chi-Minh-Ideen» versuchen die staatlichen Medien und der überwiegende Teil der Historiker Vietnams außerdem, die Deutungshoheit über das Leben und Werk Ho Chi Minhs zu verteidigen. Die von der Parteihistoriographie propagierte Biographie Ho Chi Minhs, die diesen als die dominierende Figur in der revolutionären Bewegung Vietnams darstellt, ist eng mit der parteioffiziellen Version der Geschichte einer monolithischen kommunistischen Partei verzahnt. Die Ikone Ho Chi Minh symbolisiert die Einheit der Partei. Eine Hinterfragung seiner teilweise manipulierten Biographie ist in den Augen der Bewahrer der «reinen Lehre» in Hanoi daher nicht nur ein Angriff auf das Werk des verstorbenen Präsidenten, sondern auch auf das «revolutionäre Werk der Kommunistischen Partei Vietnams».[9]

Dieser Kampf um die Deutungshoheit wird auch mit Hilfe des Justizapparates geführt, denn die «Verleumdung der Revolution und großer revolutionärer Persönlichkeiten» wie Ho Chi Minh ist ein Straftatbestand. Darunter fällt zum Beispiel die Verbreitung von Forschungsergebnissen, die nahelegen, dass Ho Chi Minh, anders als in der offiziellen Darstellung behauptet, in der Kommunistischen Partei nur eine sehr marginale Rolle spielte und beispielsweise die dreißiger Jahre in Moskau fast völlig isoliert in der «politischen Wüste» verbrachte. Auch sein Privatleben ist sakrosankt. So verlor Vu Kim Hanh 1992 ihren Posten als Chefredakteurin der bekannten Zeitung *Tuoi Tre* («Die Jugend») und wurde mit einem mehrjährigen Berufsverbot belegt, weil sie einen Brief des jungen Ho Chi Minh aus dem Jahre 1928 an seine damalige chinesische Frau Tang Tuyet Minh abgedruckt hatte. Diese Quelle, die zum ersten Mal in der Ho-Chi-Minh-Biographie des französischen Historikers Daniel Hémery 1990 veröffentlicht wurde, hatte das Bild von Ho Chi Minh als eines asketischen Heiligen, der sein ganzes Leben für die Revolution und die Befreiung seines Vaterlandes geopfert hat, als Legende entlarvt.[10]

Gegen die Veröffentlichung des chinesischen Historikers Hoang Tranh, dessen Forschungen neue Erkenntnisse über das Privatleben Ho Chi Minhs erbracht hatten, protestierte das vietnamesische Außenministerium. Neu war vor allem die Information, dass Tang Tuyet Minh, die Ho Chi Minh 1926 geheiratet hatte, 1950 in einer chinesischen Zeitung im Bild des Präsidenten der Demokratischen Republik Vietnam ihren Mann wiedererkannt hatte. In der Folge hatte sie offensichtlich versucht, Ho Chi Minh über die vietnamesische Botschaft Briefe zu senden, doch diese fanden nicht den Weg zum Adressaten. Zudem wurde Tang Tuyet Minh von offizieller Seite nahegelegt, diese Kontaktversuche besser abzubrechen. Umgekehrt verliefen Ho Chi Minhs Bemühungen 1960, über ein vietnamesisches Konsulat in China Erkundigungen zum Aufenthaltsort seiner Ehefrau einzuleiten, im Sande.

Nachdem Hoang Tranh zu verstehen gegeben worden war, dass der Abdruck seines Artikels «verfrüht» war, verweigerte er 2008 in einem Interview mit dem vietnamesischsprachigen Programm von BBC jegliche Auskunft, als er auf das heikle Thema angesprochen wurde. Auch die Veröffentlichung einer vietnamesischen Übersetzung seines Artikels in einer Hanoier Geschichtszeitschrift wurde gestoppt.[11]

Als ein großer staatlicher Verlag in Vietnam dem US-Historiker William Duiker anbot, seine Ho-Chi-Minh-Biographie aus dem Jahre 2000 in einer vietnamesischen Version zu veröffentlichen, war es deshalb auch folgerichtig, dass dies mit der Auflage an den Autor verbunden war, bestimmte Passagen zu Tabuthemen zu streichen. Nach Aussagen von Duiker hatten sich einige hohe Kader in Vietnam vor allem über seine Passagen zum Privatleben Ho Chi Minhs verärgert gezeigt. Ein ähnliches «Schicksal» ereilte die Ho-Chi-Minh-Biographie von Pierre Brocheux aus dem Jahre 2007. Beide Autoren verweigerten ihre Zustimmung zu einem derartigen Eingriff in ihr Werk.[12]

Der Kampf um die Deutungshoheit über Ho Chi Minhs Biographie wird heutzutage verstärkt über das Internet geführt. So ist es erklärte Aufgabe der Website «www.thehochiminh.net» (Generation Ho Chi Minh), die Leser mit «richtigen» Informationen über Ho Chi Minh zu versorgen, da viele Internetseiten «feindlicher, antikommunistischer Kräfte» – gemeint sind bestimmte auslandsvietnamesische Gruppierungen – absichtlich ein verzerrtes Bild des Lebens, Werkes und der Ideen des verstorbenen Präsidenten propagierten.[13] Auf der Website «www.thehochiminh.net», die sogar einen eigenen Kanal auf «youtube» unterhält, können so nicht nur die gesammelten Werke von Ho Chi Minh, sondern auch ein Dokumentarfilm mit dem Titel «Ho Chi Minh – Porträt eines Menschen» heruntergeladen werden – offensichtlich eine Antwort auf den kritischen, von Auslandsvietnamesen gedrehten Film «Die Wahrheit über Ho Chi Minh».[14]

All dies zeigt, dass der vietnamesische Staat und die Kommunistische Partei Vietnams unverändert versuchen, die öffentliche Erinnerung an Ho Chi Minh zu lenken und zu instrumentalisieren. Zwar können seit dem Beginn der Reformpolitik und der Öffnung Vietnams auch kritische Stimmen geäußert werden, doch dürfen sie keine Tabuthemen wie Ho Chi Minh berühren. Wo diese Grenzen verlaufen und wer die Interpretationsmacht über die Geschichte besitzt – nämlich die KP Vietnams –, hat Le Mau Han, einer der führenden Ho-Chi-Minh-Forscher in Vietnam, in einer Online-Diskussion zum Thema «Je mehr man Onkel Ho vergöttert, desto mehr entfernt man sich von ihm» klargemacht: «Denken braucht Organisation, und die Verantwortung für dieses Denken liegt mehr als sonst bei den Stellen und den Führungsschichten, die das Volk mit der Herrschaft im Staat beauftragt hat.»[15]

Epilog

Weder das Bild Ho Chi Minhs als eines «nationalistischen Heiligen», wie es in der offiziellen vietnamesischen Historiographie präsentiert wird, noch das Bild eines «machiavellistischen Apparatschiks in Diensten der Komintern», das in den USA während des Kalten Krieges dominierte und immer noch in vielen exilvietnamesischen Gruppen existiert, kann die Komplexität seiner Biographie und seines politischen Werks erfassen.

Sein Leben und seine Karriere als Revolutionär verliefen sehr viel weniger stringent, als es in der in Vietnam verbreiteten teleologischen Geschichtsversion behauptet wird.[1] Von der Entscheidung Nguyen Tat Thanhs, 1911 auf einem französischen Schiff anzuheuern, über den fehlgeschlagenen Versuch Nguyen Ai Quocs, auf der Versailler Friedenskonferenz die «Forderungen des annamitischen Volkes zu präsentieren», über seine politischen Lehrjahre in der Sowjetunion und China, die Gründung der Kommunistischen Partei Vietnams 1930 und die Bildung der Viet Minh 1940 unter seinem neuen Namen Ho Chi Minh führte kein geradliniger Weg auf den Gipfel seiner politischen Karriere im Jahre 1945, als er die Unabhängigkeit Vietnams von kolonialer Herrschaft verkündete und erster Präsident der Demokratischen Republik Vietnam wurde.

Die These, Ho Chi Minh habe die Entwicklung der KP Vietnams vor 1945 dominiert, ist wichtiges Element der von der vietnamesischen Historiographie propagierten Geschichte einer stets einigen Kommunistischen Partei, die über innerparteiliche Dispute hinweggeht. Zwar spielte Ho Chi Minh die entscheidende Rolle auf der «Vereinigungskonferenz» der zerstrittenen revolutionären vietnamesischen Parteien 1930, die in die Gründung der Kommunistischen Partei Vietnams mündete, doch täuscht dies darüber hinweg, dass er in der Folgezeit keineswegs der bestimmende Parteiführer war. Stattdessen wurde er bereits einige Monate nach der Parteigründung von in Moskau ausgebildeten Kadern an den Rand gedrängt, die die neue Klassenlinie der Komintern in Vietnam umsetzen wollten. Den größten Teil der dreißiger Jahre verbrachte Ho Chi Minh in politischer Isolation in Moskau. Erst als Anfang der vierziger Jahre fast die gesamte Führung der KP Indochinas von den Franzosen ausgeschaltet worden war und in Überstimmung mit der neuen Strategie der Komintern auch in Vietnam die Bildung einer breiten Einheitsfront gegen die Franzosen und Japaner opportun war, schlug wieder die Stunde Ho Chi Minhs. Dies scheint geradezu eine Gesetzmäßigkeit in seiner politischen Karriere zu sein: Immer wenn eine Bündelung aller nationalen Kräfte und eine moderate Linie notwendig war, war der Einfluss Ho Chi Minhs am größten.[2]

Dies gilt auch für die ersten Jahre des Krieges gegen Frankreich. Doch auch in dieser Phase war seine Stellung in der Partei umstritten, wie die Kritik an seinem «bürgerlichen Nationalismus» und seiner «kompromisslerischen Haltung» während der Friedensverhandlungen mit den Franzosen 1945/46 widerspiegelte.

Dass Ho Chi Minh seit den zwanziger Jahren durchgehend die nationale Frage und weniger den Klassenkampf betonte und sich damit zeitweise offen gegen die Komintern-Linie stellte, zeigt aber auch, dass er nicht der treue Gefolgsmann Stalins war, wie vielfach behauptet.

Auch nach dem Sieg über Frankreich 1954 spielte Ho Chi Minh nicht die dominierende Rolle, wie sie ihm vor allem im westlichen Ausland zugeschrieben wurde. Zwar übte er während der Landreform 1956 mäßigenden Einfluss aus, doch insgesamt zeigte er, nachdem sein großes Ziel, die Unabhängigkeit Vietnams, erreicht war, kein vergleichbares Interesse an innenpolitischen Fragen und dem Aufbau des Sozialismus. Spätestens seit seiner offiziellen Wahl zum Parteichef 1960 bestimmte Le Duan zusammen mit Le Duc Tho, dem mächtigen Leiter der Parteiorganisation, die Politik in Nordvietnam.

Nach Ausbruch des Vietnamkriegs 1964 wurde Ho Chi Minh dann zur weltweit bekannten Symbolfigur des heroischen Widerstands des vietnamesischen Volkes gegen die Supermacht USA. Der

9 Bei einer Demonstration gegen den Vietnamkrieg tragen Studenten Plakate mit Portraits von Ho Chi Minh, Lenin und Rosa Luxemburg, Berlin 1968.

eher unscheinbare und wenig charismatische Parteichef Le Duan, der während des Krieges und bis spät in die Nachkriegszeit eigentlich die Zügel der Macht in Vietnam in den Händen hielt, konnte dagegen nie die Popularität von «Onkel Ho» erreichen.

Als Ikone des vietnamesischen Widerstandswillens übte Ho Chi Minh jedoch kaum mehr eigene Macht aus. In seinen letzten Lebensjahren, in denen sich sein Gesundheitszustand immer mehr verschlechterte, beschränkte er sich in erster Linie auf zeremonielle Aufgaben. Die Fixierung der USA auf die Person «Old Ho», wie Lyndon B. Johnson ihn nannte, spiegelte die falsche, da zu sehr vereinfachende Sicht der westlichen Supermacht von einer durch Ho Chi Minh geführten monolithischen Partei wider.[3]

Die Instrumentalisierung der «Ikone Ho Chi Minh» erreichte nach dem Tod des Präsidenten 1969 neue Dimensionen. Die Inszenierung Ho Chi Minhs im Mausoleum und in anderen Gedenkstätten erfolgte gegen seinen letzten Willen. Ebenso wenig hatte er den

Rang eines Theoretikers angestrebt, in den ihn die KP Vietnams nach Beginn der Reformpolitik Ende der achtziger Jahre erhob.

Das in Vietnam nach wie vor dominierende Bild Ho Chi Minhs als eines bescheidenen Revolutionärs, der sein ganzes Leben dem Kampf um die Unabhängigkeit Vietnams widmete, ist dagegen nicht einfach Produkt der Parteipropaganda, sondern wurde auch von diesem selbst nach 1945 gezielt kultiviert. Dass er in seinem Leben auch persönliche Interessen verfolgte – er war zumindest einmal verheiratet – und zeitweise auch durchaus einen Hang zur Eitelkeit an den Tag legte – allein sein selbstgewählter Name Ho Chi Minh («Ho mit starkem Willen und Intelligenz») sowie seine autobiographischen Schriften sind Beispiel genug –, machen das Bild Ho Chi Minhs menschlicher.

Die Revisionen, die an dem kanonisierten Ho-Chi-Minh-Bild vorgenommen wurden, schmälern keineswegs seine Rolle in der vietnamesischen Geschichte und seine Verdienste bei der Erringung der Unabhängigkeit. Sie können jedoch dazu beitragen, ein nuancierteres Bild einer wichtigen historischen Persönlichkeit des 20. Jahrhunderts zu entwerfen.

Zeittafel

1890	19. Mai	Nguyen Sinh Cung wird in Kim Lien, einem Dorf der zentralvietnamesischen Provinz Nghe An, als Sohn von Nguyen Sinh Sac und Hoang Thi Loan geboren. Später nimmt er den Namen Nguyen Tat Thanh an.
1908–1909		Nguyen Tat Thanh lernt an der *Quoc-Hoc*-Schule in Hue, wird wegen seiner politischen Aktivitäten von der Schule verwiesen und reist in Etappen Richtung Süden.
1911	Juni	In Saigon heuert er auf der «Amiral Latouche-Tréville» an. Nach seiner Ankunft in Marseille verbringt er einige Monate in Frankreich und fährt dann wieder zur See.
1914–1917/18		Nguyen Tat Thanh lebt in London.
1919		In Paris trifft er Phan Chu Trinh und Phan Van Truong und wird Mitglied der Sozialistischen Partei Frankreichs. Übergabe der mit «Nguyen Ai Quoc» unterzeichneten «Forderungen des annamitischen Volkes» an die Teilnehmer der Versailler Konferenz.
1920		Weitere politische Aktivitäten unter ständiger Überwachung durch die Sûreté. Nguyen Ai Quoc votiert auf dem Parteikongress der SPF für den Beitritt zur Dritten Internationale und wird Gründungsmitglied der Kommunistischen Partei Frankreichs (Dezember).
1921–1922		Er gründet die «Interkoloniale Union» und schreibt als politischer Publizist für verschiedene Zeitungen wie *Le Pariah* und *L'Humanité*.
1923	Juni	Er verlässt Paris, fährt nach Moskau und nimmt im Oktober an der Gründungskonferenz der Krestintern teil.
1924	Juni–Aug.	Er nimmt am 5. Kongress der Komintern teil.
	ab Okt.	Nguyen Ai Quoc wird in Kanton offiziell als Mitarbeiter einer sowjetischen Nachrichtenagentur und Vertreter der Krestintern tätig.
1925		Er nimmt Kontakt zu Mitgliedern der nationalistischen *Tam-Tam-Xa*-Organisation auf und gründet im Juni die Vereinigung der Revolutionären Jugend Vietnams *(Thanh Nien)*.

1926		Er rekrutiert weitere Anhänger für die *Thanh Nien.*
	Okt.	Heirat mit der Chinesin Tang Tuyet Minh in Kanton.
1927		Nach dem Shanghai-Massaker der Kuomintang an der Kommunistischen Partei Chinas (April) flieht Nguyen Ai Quoc im Mai aus Kanton und verbringt einige Monate in Moskau. Ende des Jahres wird er von der Komintern nach Paris entsandt.
1928–1929		Nach Aufenthalten in Brüssel und Berlin reist er im Juni 1928 nach Siam, wo er bis Ende 1929 im Nordosten des Landes in exilvietnamesischen Gemeinden tätig ist.
1930	3. Febr.	Nguyen Ai Quoc vereinigt in Hongkong verschiedene kommunistische Splittergruppen zur Kommunistischen Partei Vietnams. Danach setzt er in Südostasien seine Tätigkeit als Komintern-Agent fort.
	Sept.	Ausbruch der *Nghe-Tinh*-Sowjetbewegung gegen die französische Kolonialmacht in Zentralvietnam.
	Okt.	Umbenennung der Partei in Kommunistische Partei Indochinas (KPI).
1931		Nach der Niederschlagung des Aufstandes wird fast die gesamte Führung der KPI von den Franzosen zerschlagen.
	Juni	Nguyen Ai Quoc wird in Hongkong verhaftet.
1933		Nach langen Gerichtsverhandlungen wird er freigelassen, reist zunächst nach Xiamen und dann nach Shanghai weiter.
1934	Juli	Er kommt wieder in Moskau an.
1935		Nguyen Ai Quoc wird vom amtierenden Parteichef der KPI, Ha Huy Tap, kritisiert und nimmt im März nur als Beobachter am 7. Komintern-Kongress teil.
1936–1938		Er lebt politisch inaktiv in Moskau und studiert an der Stalin-Schule. Im Oktober 1938 reist er nach China. In der Zeit der Volksfrontregierung in Frankreich kann die KPI legale politische Aktivitäten in Vietnam entfalten.
1939	Sept.	Nach Abschluss des Molotow-Ribbentropp-Abkommens wird die KPI erneut verboten. Nguyen Ai Quoc ist in China in der KPC tätig.
1940		Nach einem fehlgeschlagenen Aufstandsversuch in Cochinchina wird Ende des Jahres fast die gesamte Führung der KPI von den Franzosen zerschlagen.

1941	Febr.	Nguyen Ai Quoc nimmt in Südchina Kontakt zu vietnamesischen Nationalisten und Kommunisten auf und betritt nach dreißigjähriger Abwesenheit wieder vietnamesischen Boden.
	Mai	Nguyen Ai Quoc gründet die Liga für die Unabhängigkeit Vietnams (Viet Minh). Gemäß einem Abkommen mit der Vichy-Regierung rücken japanische Truppen in Indochina ein.
1942		Nguyen Ai Quoc kehrt unter seinem neuen Namen Ho Chi Minh nach China zurück und wird von den Kuomintang verhaftet.
1944	Aug.	Nach seiner Freilassung aus chinesischer Haft übernimmt Ho Chi Minh wieder die Führung der Viet Minh.
1945	März	Nach der Auflösung der französischen Kolonialverwaltung durch die Japaner dringen die Viet Minh in das Delta des Roten Flusses ein. Ho Chi Minh arbeitet mit dem amerikanischen OSS zusammen.
	Aug.	Übernahme der Macht durch die Viet Minh («Augustrevolution») in Hanoi.
	2. Sept.	Ho Chi Minh ruft die Demokratische Republik Vietnam aus und wird erster Präsident des unabhängigen Staates. Danach beginnen im Süden französische Truppen mit der Rückeroberung Vietnams.
	Nov.	Auflösung der KPI.
1946	März	Ho Chi Minh muss der Stationierung französischer Truppen zustimmen, Vietnam wird «freier» Staat in der Französischen Union.
	Sept.	Nach erfolglosen Verhandlungen werden die franko-vietnamesischen Gespräche in Fontainebleau abgebrochen. Ho Chi Minh unterzeichnet vor seiner Rückkehr nach Vietnam einen Modus Vivendi mit dem französischen Kolonialminister Moutet.
	19. Dez.	Nach dem «Haiphong-Zwischenfall» im Oktober bricht der Krieg mit Frankreich aus.
		Ho Chi Minh und die Viet Minh ziehen sich wieder in die Widerstandsbasis Viet Bac im Grenzgebiet zu China zurück.
1948		Die Autobiographie Ho Chi Minhs erscheint unter dem Pseudonym Tran Dan Tien.
1949	1. Okt.	Mao ruft die Volksrepublik China aus. Die Rote Armee marschiert Richtung Südchina.

1950		Zu Beginn des Jahres wird die Demokratische Republik Vietnam von sozialistischen Staaten anerkannt, parallel dazu der von den Franzosen gestützte Assoziierte Staat Vietnam durch westliche Staaten.
	März	Gespräche Ho Chi Minhs mit Stalin in Moskau.
	ab Sept.	Nach erfolgreicher Grenzoffensive der Viet Minh können chinesische Hilfsgüter ungehindert nach Vietnam fließen.
1951		Neugründung der KP Vietnams als Arbeiterpartei Vietnams und Übergang von der Einheitsfront- zur Klassenkampflinie.
1953	Dez.	Beginn der Landreform in den besetzten Gebieten.
1954	7. Mai	Niederlage der Franzosen in Dien Bien Phu.
	Juli	Auf der Genfer Indochina-Konferenz wird die provisorische Teilung Vietnams beschlossen.
	Okt.	Ho Chi Minh kehrt nach Hanoi zurück.
1956		Der südvietnamesische Präsident Ngo Dinh Diem lehnt landesweite Wahlen ab.
	Aug.	Nach Ho Chi Minhs Intervention wird die Landreform abgebrochen und eine Korrekturkampagne eingeleitet.
	Okt.	Auf einem Parteiplenum muss Parteichef Truong Chinh zurücktreten, Ho Chi Minh übernimmt kommissarisch den Posten des Generalsekretärs.
	Dez.	Die kurze liberale Phase in der Kulturpolitik *(Nhan-Van-Giai-Pham*-Bewegung) wird abgebrochen.
1957		Im Sommer besucht Ho Chi Minh die sozialistischen Staaten in Osteuropa sowie China und Nordkorea.
1959	Mai	Auf dem 15. Plenum entscheidet das ZK der Arbeiterpartei, den bewaffneten Kampf in Südvietnam wiederaufzunehmen; Aufstieg Le Duans.
		Bei Besuchen in Moskau und Peking versucht Ho Chi Minh im eskalierenden sino-sowjetischen Konflikt zu vermitteln.
1960	Sept.	Auf dem 3. Parteikongress wird Le Duan zum neuen Parteichef gewählt.
	Dez.	Gründung der Nationalen Befreiungsfront Südvietnams. Die USA reagieren mit der Entsendung weiterer Berater und Maßnahmen gegen Aufstände in Südvietnam.

1963	Nov.	Ngo Dinh Diem und sein Bruder Ngo Dinh Nhu werden bei einem Putsch in Saigon ermordet. – Der Streit innerhalb der Arbeiterpartei Vietnams über den innen- und außenpolitischen Kurs eskaliert auf dem 9. Plenum. Die militante Parteiführung unter Le Duan setzt sich durch, Ho Chi Minh kann keine mäßigende Rolle mehr spielen.
1964		Politische Gegner werden in der «Anti-Revisionismus-Kampagne» isoliert.
	Aug.	Nach dem Tonkin-Zwischenfall beginnen die USA mit der Bombardierung Nordvietnams.
1965		Bei einem Besuch in Hanoi verspricht der sowjetische Ministerpräsident Kossygin Nordvietnam umfassende Militärhilfe.
	März	Erste US-Bodentruppen gehen in Danang an Land.
	Mai	Ho Chi Minh feiert seinen 75. Geburtstag und schreibt die erste Version seines Testaments.
1966	Mai	Ho Chi Minh verbringt seinen 76. Geburtstag in China.
1967		Er hält sich länger für eine medizinische Behandlung in China auf.
1968		Die Tet-Offensive der nordvietnamesischen Armee ab Ende Januar leitet eine Wende im Krieg ein; Beginn von Friedensverhandlungen mit den USA. Ho Chi Minhs Gesundheitszustand verschlechtert sich weiter.
1969	2. Sept.	Ho Chi Minh stirbt. Die Partei gibt als offiziellen Todestag den 3. September an.
1973	Sept.	Baubeginn für das Ho-Chi-Minh-Mausoleum in Hanoi.
1975	30. April	Sieg der Demokratischen Republik Vietnam und der National Liberation Front, Ende des Krieges.
	Aug.	Einweihung des Ho-Chi-Minh-Mausoleums.
1986	Dez.	Auf dem 6. Parteitag leitet die KP Vietnams eine Reformpolitik *(doi moi)* ein.
1990	März	Aus Anlass des einhundertsten Geburtstages von Ho Chi Minh wird in Hanoi eine Internationale Konferenz abgehalten.
	Mai	Einweihung des Ho-Chi-Minh-Museums am Ba-Dinh-Platz in Hanoi.

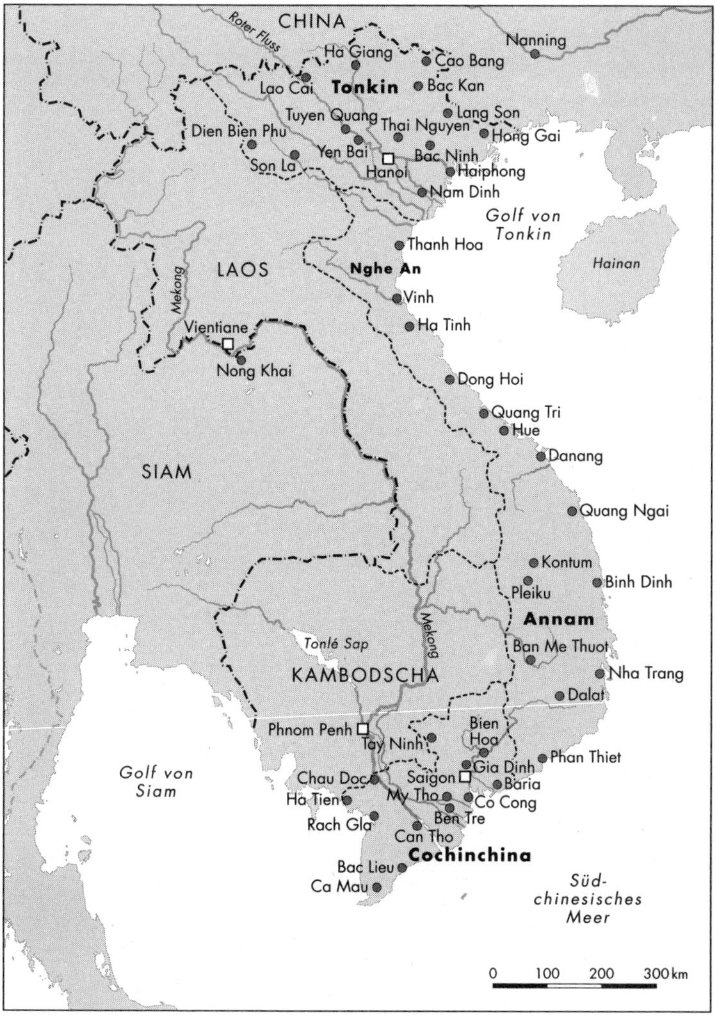

Indochina während der Kolonialzeit

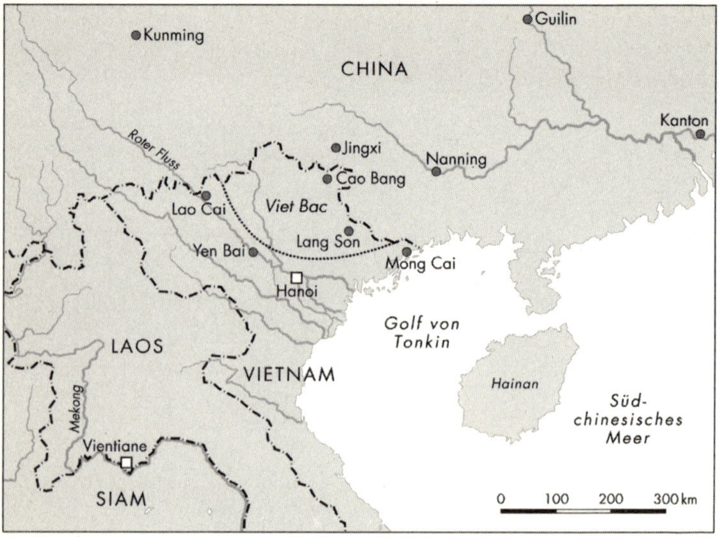

Südchina und Nordvietnam mit der Widerstandsbasis Viet Bac

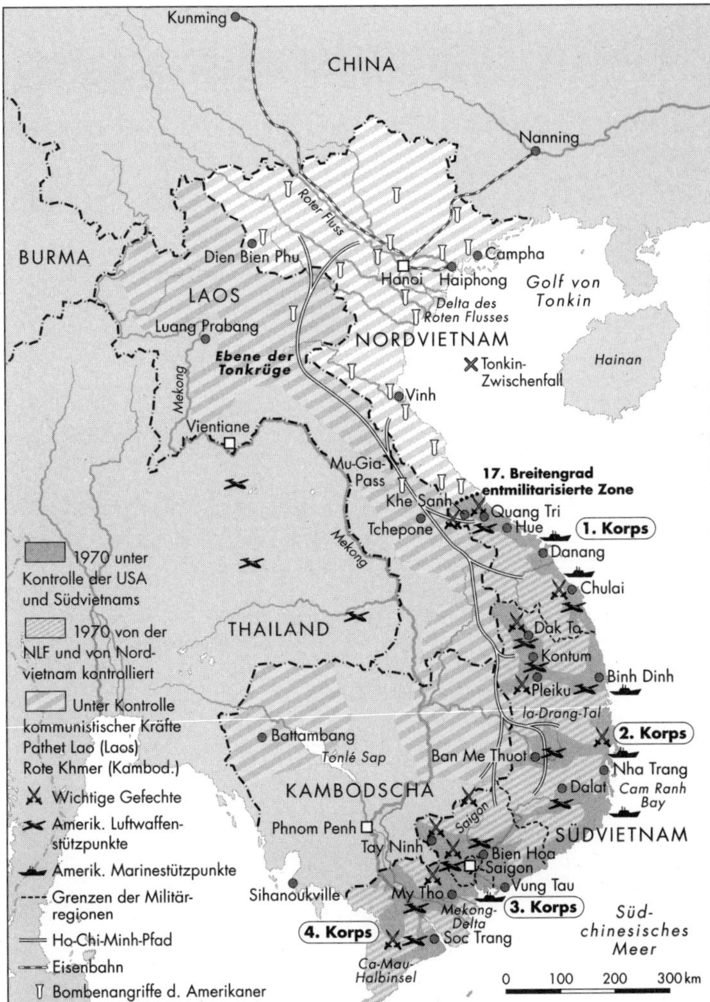

Indochina während des Vietnamkrieges

Abkürzungen

ADN	Allgemeiner Deutscher Nachrichtendienst
Barch	Bundesarchiv Berlin
CSSR	Tschechoslowakische Sozialistische Republik
DRV	Demokratische Republik Vietnam
EKKI	Exekutivkomitees der Kommunistischen Internationale
HCM TT	Ho Chi Minh Toan Tap (Ho Chi Minhs Gesamtwerk)
Komintern	Kommunistische Internationale
KPA	Kommunistische Partei Annams *(An Nam Cong San Dang)*
KPC	Kommunistische Partei Chinas
KPdSU	Kommunistische Partei der Sowjetunion
KPF	Kommunistische Partei Frankreichs
KPI	Kommunistische Partei Indochinas
Krestintern	Bauerninternationale
MfAA	Ministerium für Auswärtige Angelegenheiten der DDR
NLF	National Liberation Front (Nationale Befreiungsfront Südvietnams)
OSS	Office of Strategic Services
PA	Politisches Archiv des Auswärtigen Amtes
SAPMO	Stiftung Archiv der Parteien und Massenorganisationen der DDR im Bundesarchiv
SPF	Sozialistische Partei Frankreichs
UdSSR	Union der Sozialistischen Sowjetrepubliken
VNQDD	*Viet Nam Quoc Dan Dang* (Nationalistische Partei Vietnams)

Anmerkungen

Vorwort

1 Vgl. Marr 1995, S. 167.
2 Fall 1967, S. 321.
3 Vgl. Duiker 2000, S. 6.
4 Quinn-Judge 2002 und 1992.
5 Vgl. z. B. Gaiduk 1996 und 2003, Giebel 2004, Olsen 2006, Qiang Zhai 2000, Schütte 2010 sowie Großheim 2009.
6 Dies gilt z. B. für die neueren Ho-Chi-Minh-Biographien von William Duiker 2000 und Pierre Brocheux 2007. Daneben liegen mit Fenn 1973, Grün 1969, Halberstam 1987, Lacouture 1969, Neumann-Hoditz 1969 und Szeponik 1981 eine Reihe älterer Ho-Chi-Minh-Biographien vor.
7 Vgl. z. B. die Einschätzung des Quellenwerts der Parteidokumente *(Van Kien Dang)* durch Pham Quang Minh 2009.
8 Vgl. Duiker 2004, S. 119, und Quinn-Judge 2002, S. 1.

1 «Nguyen, der bestimmt erfolgreich sein wird»

1 1893 kam außerdem Laos unter französische Kolonialherrschaft. Über das Geburtsjahr Ho Chi Minhs gibt es unterschiedliche Versionen, die auch von ihm selbst verbreitet wurden. Das Jahr 1890 erscheint jedoch am wahrscheinlichsten.
2 Vgl. hierzu Marr 1980, Kap. 3 und 4. Zur Errichtung der französischen Kolonialherrschaft in Vietnam vgl. den Überblick in Bradley 2009, S. 10–16.
3 Die Bewohner von Nghe An und der Nachbarprovinz Ha Tinh werden in Vietnam bis heute gemeinhin wenig schmeichelhaft als *ca go* («Holzfische») bezeichnet. Dieser Ausdruck geht auf eine Legende zurück und spielt auf den besonderen Geiz der Bevölkerung in dieser Gegend an.
4 Die Schilderung von Ho Chi Minhs Kindheit und Jugend stützt sich auf Brocheux 2007, S. 1–7, Duiker 2000, S. 8–45, und Hémery 1990, S. 27–37.
5 In Vietnam fanden seit dem 15. Jahrhundert auf drei verschiedenen Ebenen Prüfungen statt, aus denen die Beamten der kaiserlichen Verwaltung hervorgingen. Die Mandarinatsprüfungen wurden Anfang des 20. Jahrhunderts von der französischen Kolonialmacht abgeschafft.
6 Zur letztlich erfolglosen *Dong-Du*-Bewegung vgl. Marr 1980, Kap. 6.
7 Tran Dan Tien [8]1972, S. 10 f.

8 *Quoc ngu*, wörtl.: Nationalsprache, wurde als lateinische Schrift mit diakritischen Zusatzzeichen zur Wiedergabe der vietnamesischen Sprache und ihrer Töne bereits im 17. Jahrhundert von dem Missionar Alexandre de Rhodes entwickelt, setzte sich aber erst während der französischen Kolonialzeit durch.

2 «Nguyen der Patriot»

1 Vgl. Tran Dan Tien [8]1972, S. 11. Diese Autobiographie, die unter dem fiktiven Verfassernamen «Tran Dan Tien» erschien und im heutigen Vietnam immer noch als objektive Biographie über Ho Chi Minh präsentiert wird, ist die einzige Quelle über die Reisen Ho Chi Minhs in diesen Jahren.
2 Vgl. Duiker 2000, S. 45.
3 Tran Dan Tien [8]1972, S. 15.
4 Zitiert in Duiker 2000, S. 47 f.
5 Der in der zentralvietnamesischen Provinz Quang Nam geborene Phan Chu Trinh war Anfang des 20. Jahrhunderts neben Phan Boi Chau der wichtigste Protagonist der nationalistischen Bewegung in Vietnam. Vgl. Duiker 2000, S. 48 f., und Quinn-Judge 2002, S. 24.
6 Tran Dan Tien [8]1972, S. 23. Vgl. Quinn-Judge 2002, S. 25.
7 Vgl. Duiker 2000, S. 54–57, und Quinn-Judge 2002, S. 20 f.
8 Der Text ist abgedruckt in Ruscio 1990, S. 22 f.
9 Damit bessert sich auch die Quellenlage. Vgl. Duiker 2000, S. 57–62, und Quinn-Judge 2002, S. 11–23.
10 Vgl. Duiker 2000, S. 68 f.
11 Zitiert ebd., S. 64.
12 HCM TT 1, S. 23 f. und Fall 1967, S. 21 f. Vgl. Duiker 2000, S. 62–73, und Quinn-Judge 2002, S. 28–33.
13 Quinn-Judge 2002, S. 33.
14 HCM TT 1, S. 27 f.
15 Ebd., S. 35. Vgl. ebd., S. 33–36, und Duiker 1990, S. 74 f.
16 Vgl. Nguyen Khac Vien 1974 und die Diskussion in Duiker [2]1996, S. 24–29.
17 Vgl. z. B. HCM TT 1, S. 119 f. Siehe hierzu Duiker 2000, S. 80 f.
18 Vgl. die Auszüge des Briefes in Quinn-Judge 2002, S. 38, und Duiker 2000, S. 82.
19 Vgl. Duiker 2000, S. 83.
20 HCM TT 1, S. 92.
21 Ebd., S, 91–93. Vgl. Duiker 2000, S. 83 f.
22 Fall 1967, S. 25–27, und HCM TT 1, S. 62–64.
23 Vgl. Quinn-Judge 2002, S. 3, 40. Duiker 2000, S. 86, hält sich an die klassische Version.
24 Vgl. Quinn-Judge 2002, S. 86.

3 In der Hauptstadt der Weltrevolution

1 Ruscio 1990, S. 50–53, und HCM TT 1, S. 194–197. Siehe hierzu Duiker 1990, S. 89.
2 HCM TT 1, S. 203–205. Vgl. Duiker 1990, S. 89 f.
3 HCM TT 1, S. 209–212. Vgl. Duiker 2000, S. 91.
4 HCM TT 1, S. 251 f. Vgl. Quinn-Judge 2002, S. 44 f.
5 Vgl. die Einschätzung der deutschen Kommunistin Ruth Fischer, zitiert in Quinn-Judge 2002, S. 52 f.
6 HCM TT 1, S. 263 f. Vgl. Quinn-Judge 2002, S. 53 f.
7 Vgl. hierzu Quinn-Judge 2002, S. 54.
8 Vgl. die englischsprachige Version in Fall 1967, S. 73–128, und Duiker 2000, S. 96.
9 Vgl. Duiker 2000, S. 99. Zu Nguyen Ai Quocs Rolle auf dem Kongress vgl. ebd., S. 98–101, und Quinn-Judge 2002, S. 55–61.
10 HCM TT 1, S. 273–276.
11 Fall 1967, S. 63–72, und HCM TT 1, S. 276–282.
12 HCM TT 1, S. 283–289.
13 Duiker 2000, S. 101 f.
14 Quinn-Judge 2002, S. 57.
15 HCM TT 1, S. 248. Vgl. die Argumentation in Quinn-Judge 2002, S. 66–68.
16 HCM TT 1, S. 303 f. Vgl. hierzu Quinn-Judge 2002, S. 64 f.
17 HCM TT 1, S. 305. Vgl. Duiker 2000, S. 103 f., und Quinn-Judge 2002, S. 64–68.

4 Als Komintern-Agent in Kanton

1 Bradley 2009, S. 22. Vgl. Duiker 2000, S. 106–112, und Marr 1980.
2 Quinn-Judge 2002, S. 75.
3 HCM TT 2, S. 8 f. Vgl. Quinn-Judge 2002, S. 77 f.
4 HCM TT 2, S. 18.
5 Ebd., S. 140–142.
6 Vgl. hierzu Quinn-Judge 2002, S. 83 f.
7 Vgl. Duiker 2000, S. 126–128, und Quinn-Judge 2002, S. 74–77.
8 Vgl. z. B. den Brief von Nguyen Ai Quoc an die Komintern von ca. Mitte 1926. HCM TT 2, S. 223 f. Zum Weiteren vgl. Duiker 2000, S. 129–131, und Quinn-Judge 2002, S. 90–100.
9 Quinn-Judge 2002, S. 97.
10 HCM TT 2, S. 257–318. Vgl. hierzu im Detail Duiker 2000, S. 131–137.
11 HCM TT 2, S. 260. Vgl. die Analyse in Duiker 2000, S. 135 f.
12 Vgl. Brocheux 2007, S. 39 f., Duiker 2000, S. 143 f., sowie Hoang Tranh 2001.

13 Vgl. Duiker 2000, S. 144 f., und Quinn-Judge 2002, S. 106–115.
14 Bericht an die Komintern vom Juni 1927, HCM TT 2, S. 241–244. Vgl. Quinn-Judge 2002, S. 99 f., und Duiker 2000, S. 146.

5 Von Moskau nach Paris und zurück nach Asien

1 HCM TT 2, S. 240.
2 Ebd., S. 241–244.
3 Brief an die Komintern, 21. 5. 1928, HCM TT 2, S. 341 f.
4 HCM TT 2, S. 325.
5 Ebd., S. 325 f. Vgl. Duiker 2000, S. 147–150, und Quinn-Judge 2002, S. 116–121.
6 Vgl. HCM TT 2, S. 341 f., und Quinn-Judge 2002, S. 120.
7 Vgl. Quinn-Judge 2002, S. 127. Seine Decknamen waren Thao Chin, Ong Tin, Tho, Nam Son, Vuong und Ly Thuy. Zum Aufenthalt Nguyen Ai Quocs in Siam vgl. Duiker 2000, S. 150–153, Goscha 1999, S. 75 f., und Quinn-Judge 2002, S. 126–130.
8 Der ebenfalls aus Nghe An stammende Hoang Van Hoan wurde später erster Botschafter des unabhängigen Vietnam in Peking und war lange Mitglied des Politbüros der Kommunistischen Partei. Als sich nach Ende des Vietnamkrieges 1975 die Beziehungen zur Volksrepublik China verschlechterten, setzte sich der «prochinesische» Hoang Van Hoan auf einer Auslandsreise nach Peking ab und starb dort 1991 im Asyl.
9 Vgl. Duiker 2000, S. 153–162, und Quinn-Judge 2002, S. 130–133, 142–129.
10 Vgl. Brocheux 2007, S. 46, und Duiker 2000, S. 158.
11 Vgl. Duiker 2000, S. 153–167, und Quinn-Judge 2002, S. 150–159.
12 HCM TT 3, S. 12.
13 Ebd., S. 22. Vgl. Quinn-Judge 2002, S. 155 f.
14 HCM TT 3, S. 12.
15 Der 3. Februar ist in Vietnam bis heute gesetzlicher Feiertag.
16 Vgl. Duiker 2000, S. 165–167, Huynh Kim Khanh 1982, S. 123–126, und Quinn-Judge 2002, S. 157–159.

6 Rebellion und Richtungswechsel in Vietnam

1 Vgl. Goscha 1999, S. 76–83.
2 Vgl. Duiker 2000, S. 179–185.
3 Quinn-Judge 2002, S. 180.
4 Vgl. ebd., S. 181, sowie Duiker 2000, S. 183–189.
5 Vgl. Quinn-Judge 2002, S. 183.
6 Vgl. ebd., 2002, S. 7, 189 f.

7 Duiker 2000, S. 203 f.
8 Vgl. Brocheux 2007, S. 54–58, Duiker 2000, S. 201–210, und Quinn-Judge 2002, S. 191–200.

7 Überleben unter Stalin

1 Vgl. Quinn-Judge 2002, S. 219. Zum Moskau-Aufenthalt Nguyen Ai Quocs vgl. ebd., S. 200–220, und Duiker 2000, S. 211–228.
2 Vgl. Duiker 2000, S. 217 f.
3 Vgl. Kurihara 2000, S. 28.
4 Zitiert in Quinn-Judge 2002, S. 205.
5 Vgl. ebd., S. 206, und Duiker 2000, S. 222.
6 HCM TT 3, S. 83–87. Vgl. Duiker 2000, S. 222.
7 Vgl. die Übersetzung in Kurihara 2000, S. 29, und Quinn-Judge 2002, S. 206.
8 Vgl. Quinn-Judge 2002, S. 206 f.
9 Vgl. Brocheux 2007, S. 62 f., Duiker 2000, S. 198 f., 224 f., und Quinn-Judge 2002, S. 182 f. Die offizielle Historiographie in Vietnam leugnet bis heute jegliche amouröse Verbindung zwischen Nguyen Thi Minh Khai und dem späteren vietnamesischen Präsidenten, um die Legende des mönchisch lebenden, nur dem Kampf für die Unabhängigkeit seines Landes verpflichteten Revolutionärs aufrechtzuerhalten. Dies gilt auch für seine Ehe mit Tang Tuyet Minh, s. Kap. 4.
10 Vgl. Duiker 2000, S. 226 f.
11 Vgl. Kurihara 2000, S. 29.
12 Vgl. Duiker 2000, S. 227 f., und Quinn-Judge 2002, S. 216–220.
13 HCM TT 3, S. 90.
14 Zitiert bei Quinn-Judge 2002, S. 219.

8 Die Gunst der Stunde

1 Vgl. Kurihara 2000, S. 25 f.
2 Vgl. ebd., S. 30, Marr 1997, S. 155–164, und Quinn-Judge 2002, S. 241–246.
3 Quinn-Judge 2002, S. 230.
4 Vgl. Brocheux 2007, S. 65–69, Marr 1997, S. 164–167, und Quinn-Judge 2002, S. 220–251.

9 «Ho mit starkem Willen und Intelligenz»

1 Zitiert in Huynh Kim Khanh 1982, S. 260.
2 Vgl. Marr 1997, S. 173 f.
3 Zur neuen Politik ab 1941 und zur Viet-Minh-Front vgl. Duiker [2]1996, S. 67–75, Huynh Kim Khanh 1982, S. 256–269, und Marr 1997, S. 167–172.
4 Vgl. Quinn-Judge 2002, S. 251.
5 HCM TT 3, S. 197 f. Vgl. Marr 1997, S. 173 f.
6 HCM TT 3, S. 221–229.
7 Ebd., S. 216 f.
8 Ebd., S. 195.
9 Vgl. Bradley 2000, S. 110–113.
10 Vgl. die vietnamesische Version in HCM TT 3, S. 263–427. Eine englische Übersetzung findet sich in Marr 1978, S. 70–98. Zum Inhalt vgl. die Einführung von Marr, ebd., S. 59–66.
11 Vgl. Brocheux 2007, S. 78–82, Duiker 2000, S. 263–276, und Marr 1997, S. 177 f.

10 «Wir müssen schnell handeln!»

1 Vgl. Marr 1997, S. 178–201.
2 HCM TT 3, S. 505 f.
3 Vgl. Bartolomew-Feis 2006, Duiker 2000, S. 282–303, Marr 1997, S. 271–296, Patti 1980, S. 61–88.
4 Offizielle Darstellungen in Vietnam sprechen von zwei Millionen Opfern. Vgl. Marr 1997, S. 104. Siehe ebd., S. 96–107, 207–210.
5 HCM TT 3, S. 553 f. Vgl. Duiker 2000, S. 300–306, und Marr 1997, S. 362–372.
6 Vgl. hierzu im Einzelnen Marr 1997.
7 Vo Nguyen Giap: Nhung nam thang khong the nao quen (Unvergessliche Jahre und Monate), Hanoi 1970, S. 28, zitiert in Marr 1997, S. 532. Vgl. die Schilderungen des 2. September 1945 ebd., S. 531–537, sowie Patti 1980, S. 248–253. Die Unabhängigkeitserklärung ist bei Porter 1979, S. 64–66, abgedruckt.
8 Vgl. Marr 1997, S. 2, 6, Duiker 1995, S. 51, und Quinn-Judge 2004a, S. 162.

11 «Ich habe euch nicht verkauft!»

1 Zitiert bei Marr 1997, S. 539.
2 Lediglich die kommunistischen Parteien Jugoslawiens und der USA hatten diesen Schritt getan. Vgl. Goscha 2006, S. 61–63, und Quinn-Judge 2004a, S. 163.

3 Vgl. Quinn-Judge 2004b, S. 33, Marr 1997, S. 518 f. und Bradley 2009, S. 46.
4 Vgl. Patti 1980, S. 373 f. Zu den amerikanisch-vietnamesischen Beziehungen in dieser Phase vgl. Bradley 2000.
5 Vgl. Goscha 2006, S. 63–65, Gaiduk 2003, S. 11, und Tuong Vu 2008.
6 Zitiert in Brocheux 2007, S. 116. Siehe auch Duiker 2000, S. 363–365.
7 Vgl. Duiker 2000, S. 377 f.
8 Vgl. ebd., S. 385.
9 Vgl. ebd., S. 386.
10 Vgl. ebd., S. 388 f.
11 Brocheux 2007, S. 127.
12 HCM TT, 4, S. 1018 f.
13 Zitiert bei Brocheux 2007, S. 129.

12 Krieg gegen Frankreich

1 Zum Krieg gegen Frankreich allgemein vgl. Lawrence and Logevall 2007. Einen guten Überblick über die neuere Forschung zum Thema auch aus vietnamesischer Perspektive gibt Bradley 2007.
2 Vgl. Goscha 2006, S. 66–70, Bradley 2000, S. 148 f., und Quinn-Judge 2004a, S. 163 f.
3 Vgl. hierzu im Einzelnen Goscha 1999.
4 Vgl. Fall 1994, S. 128, Bradley 2009, S. 50 f., und Duiker 2000, S. 408 f.
5 Tran Dan Tien [8]1972. Vgl. hierzu Quinn-Judge 2004 a, S. 166–168.
6 Tran Dan Tien [8]1972, S. 6.
7 Vgl. Quinn-Judge 2002, S. 5.
8 Tran Dan Tien [8]1972, S. 136.
9 Ebd., S. 138.
10 Vgl. Duiker 2000, S. 572.
11 Vgl. Goscha 2006, S. 73 f., und Quinn-Judge 2004 a, S. 164–169.
12 Zitiert in Goscha 2006, S. 74.
13 Zitiert in ebd., S. 85.

13 Im Sog des Kalten Krieges

1 Yang Kuisong 2002, S. 4.
2 Goscha 2006, S. 86. Über diese Episode kursieren unterschiedliche Versionen. Vgl. auch Brocheux 2007, S. 145, Duiker 2000, S. 421, und Gaiduk 2003, S. 5 f.
3 Goscha 2006, S. 98.
4 Vgl. Brocheux 2007, S. 141–145, Duiker 2000, S. 414–425, Goscha 2006 und Nguyen Dang Manh 2008. Hoang Tung, ein Vertrauter Ho Chi Minhs und langjähriger Chefredakteur des Parteiorgans *Nhan Dan* («Das Volk»),

geht in seinen «Erinnerungen an Onkel Ho» detailliert auf das angespannte Verhältnis zwischen Stalin und Ho Chi Minh ein. Seine Memoiren wurden kurz nach ihrer Veröffentlichung in Vietnam verboten.

5 Vgl. Duiker 2000, S. 428–430, und Goscha 2006, S. 87.

6 Vgl. Bui Tin 1995, S. 28, Brocheux 2007, S. 146 f., Duiker 2000, S. 430–437, Hoang Tung (o. J.) und Qiang Zhai 2000, S. 34 f.

7 Goscha 2006, S. 77.

8 Quinn-Judge 2004 a, S. 168 f.

9 Zu Mao Zedong vgl. Dabringhaus 2008.

10 Vgl. Duiker 2000, S. 440 f., und Quinn-Judge 2004a, S. 169–171.

11 Vgl. z. B. Xuan Phuong und Danièle Mazingarbe 2004, S. 129 f.

12 Zur Schlacht von Dien Bien Phu vgl. Fall 1985.

13 Zur Genfer Friedenskonferenz und zur Rolle Chinas vgl. u. a. Chen Jian 2007.

14 Vgl. Qiang Zhai 2000, 58 f.

15 HCM TT 7, S. 318. Siehe auch Duiker 2000, S. 460.

16 HCM TT 7, S. 320. Vgl. Duiker 2000, S. 460 f., Brocheux 2007, S. 149–152, Bradley 2009, S. 64–68, und Qiang Zhai 2000, S. 49–63.

14 Klassenkampf in Nordvietnam

1 HCM TT 7, S. 341. Vgl. Duiker 2000, S. 465.

2 Vgl. Bradley 2009, S. 69 f., Duiker 2000, S. 443 f., 474–488, und Großheim 1997, S. 197–221. Siehe auch die Schilderungen in Duong Van Mai Elliott 1999, S. 234 f., und Xuan Phuong und Danièle Mazingarbe 2004, S. 162–175. Nachdem die Landreform in Vietnam lange Tabuthema war, wird sie in den letzten Jahren verstärkt in der Öffentlichkeit diskutiert, so z. B. in dem Roman «Drei andere» von To Hoai 2005 und den Tagebüchern von Nguyen Huy Tuong 2006. Vgl. hierzu Großheim 2008.

3 Zitiert bei Gaiduk 2003, S. 10.

4 HCM TT 7, S. 466. Siehe ähnlich HCM TT 8, S. 78.

5 HCM TT 7, S. 467.

6 Ebd.

7 Ebd, S. 87–90. Vgl. Duiker 2000, S. 480.

8 Vgl. Bui Tin 1999, S. 28 f., und Duiker 2004, S. 129. Auf verschiedenen Websites von Auslandsvietnamesen wird die These verbreitet, Ho Chi Minh selbst habe einen hetzerischen Artikel gegen Nguyen Thi Nam verfasst und damit ihr Todesurteil besiegelt. Diese Behauptung konnte nicht verifiziert werden.

9 Interviews des Verfassers in Bac Ninh 1996.

10 Zitiert in Duiker 2000, S. 480.

11 HCM TT 8, S. 194.

15 Die vietnamesische «Hundert-Blumen-Bewegung»

1 Vgl. Szalontai 2005.
2 Vgl. Xuan Phuong und Danièle Mazingarbe 2004, S. 138–161.
3 Vgl. Kim N. B. Ninh 2002, S. 138.
4 Vgl. Schütte 2010 und Großheim 2009, Kap. 2.
5 Nguyen Van Tran 1995, S. 187 f. Zur Rolle Ho Chi Minhs vgl. Brocheux 2007, S. 163 f., und Duiker 2000, S. 491.

16 Zwischen Moskau und Peking

1 Vgl. Duiker 2000, S. 508, und Nguyen T. Lien Hang 2006, S. 40.
2 Vgl. hierzu Thayer 1989.
3 Vgl. Duiker [2]1996, S. 196–199.
4 Vgl. Duiker 2000, S. 512 f., und im Einzelnen Großheim 2009, Kap. 1 und 3.
5 Vgl. Duiker 2000, S. 519–521.
6 Vgl. Qiang Zhai 2000, S. 86.
7 Brocheux 2007, S. 170. Vgl. außerdem Duiker 2000, S. 523 f., Nguyen T. Lien Hang 2006, S. 12 f., und Großheim 2009, S. 66–70.
8 Yang Kuisong 2002, S. 20, und Brocheux 2007, S. 174 f.
9 Zitiert in Bui Tin 1995, S. 66.
10 Vgl. Duiker 2000, S. 521 f., und im Einzelnen Großheim 2009, S. 71–74.
11 Vgl. Brocheux 2007, S. 172, und Duiker 2000, S. 527 f.
12 Zitiert in Brocheux 2000, S. 172, vgl. Qiang Zhai 2000, S. 86.

17 Ein schwankender Präsident

1 Vgl. Duiker 1995, S. 150–154.
2 Vgl. Qiang Zhai 2000, S. 91.
3 Vgl. hierzu im Einzelnen Großheim 2009.
4 Archiv für Außenpolitik der Russischen Föderation, AVPRF 079/17/34/7, S. 225–228. Ich danke Hirohide Kurihara, der mir dieses Dokument zur Verfügung gestellt hat.
5 Yang Kuisong 2002, S. 23 f.
6 SAPMO, Barch, DC 900/54, Informationsbericht des ADN-Korrespondenten in Hanoi, Situation nach Politbüroerklärung, März 1963, Pommerening.
7 SAPMO, Barch, DC 900/54, Zur politischen Situation in der DRV, Pommerening, 2. 9. 1963, S. 1. Vgl. außerdem Großheim 2009, S. 114 f.
8 Vgl. Großheim 2009, S. 116.
9 Vgl. ebd., S. 118 f.
10 Zitiert in Duiker 2000, S. 535.

11 PA, MfAA/G-A 326, Botschaft der DDR Hanoi, Einschätzung der Haltung der Führung der PWV und der Regierung der DRV zu den ideologischen Meinungsverschiedenheiten in der internationalen kommunistischen Arbeiterbewegung sowie zu innen- und außenpolitischen Problemen, 14. 11. 1963, Bibow, 2. Sekr., S. 56.

12 PA, MfAA/A G-A 331, 1. AA, Information über die derzeitige Haltung der Partei der Werktätigen Vietnams (PWV) zu den ideologisch-politischen Meinungsverschiedenheiten, 11. 10. 1963, Löbel, Sektionsleiter, S. 61., und PA, MfAA/G-A 324, Botschaft der DDR Hanoi, Bibow, 19. 8. 1963, Einschätzung der derzeitigen Haltung der Partei der Werktätigen Vietnams in den ideologisch-politischen Meinungsverschiedenheiten, S. 37 f.

13 PA, MfAA/A 8749, Informationsbericht des ADN-Korrespondenten in Hanoi, Information über das 9. Plenum des ZK der PWV, Eingang 1. AA, 8. 2. 1964, S. 65.

14 Vgl. Brocheux 2007, S. 171, Duiker 2000, S. 537, und Großheim 2009, S. 126.

15 Vgl. Olsen 2006, S. 130.

16 Zitiert in Großheim 2009, S. 172. Zur Kampagne 1964 vgl. ebd., Kap. 4.

18 «Old Ho», die machtlose Ikone

1 Zum Vietnamkrieg liegt mittlerweile eine fast unüberschaubare Fülle an Literatur vor. Eine gute Einführung auf Deutsch bietet Frey [8]2006. Siehe außerdem Bradley 2009, Turley [2]2009 und die ständig aktualisierte Online-Bibliographie zum Vietnamkrieg von Edwin Moise: http://www.clemson.edu/caah/history/facultypages/edmoise/bibliography.html.

2 Daneben wurde in dieser Phase in nordvietnamesischen Publikationen nur noch Mao Zedong als *«Nguoi»* bezeichnet.

3 Vgl. Duiker 2000, S. 563.

4 Brocheux 2008.

5 Central Committee of the Communist Party of Vietnam 2002, S. 35–39.

6 Ebd., S. 38.

7 Vgl. Duiker 2000, S. 555.

8 Zitiert in ebd., S. 556.

9 Vgl. ebd., S. 555 f., Quinn-Judge 2008, S. 130, und Nguyen Bao und Chu Van Tac [6]2007.

10 Nguyen Bao und Chu Van Tac [6]2007 und Großheim 2011, S. 119.

11 PA MfAA/G-A 354, Aktenvermerk über eine Information des Genossen Peschtscherikow, 3. Sekr. der Botschaft der UdSSR in Hanoi, am 10. 3. 67 in der Botschaft der DDR, Matzke, 15. 3. 1967, S. 24.

12 Vgl. Großheim 2009, Kap. 6.

13 Hoang Tung (o. J.).

14 Vgl. Pribbenow 2008, S. 16–19, und Großheim 2009, S. 210–212.

15 Vgl. hierzu Großheim 2009, S. 212–231, und Quinn-Judge 2005.
16 PA, MfAA/G-A 358, Schumann an Schneidewind, Leiter der Abt. Ferner Osten im MfAA, 14. 3. 1967, S. 24. Vgl. Duiker 2000, S. 557 f., und Duiker 2004, S. 130.
17 Central Committee of the Communist Party of Vietnam 2002, S. 41.
18 Vgl. Großheim 2011, S. 119, und Nguyen Bao und Chu Van Tac [6]2007.
19 Vgl. Duiker 2000, S. 560 f., und Le Huu Lap 2004, S. 41 f.

19 Die Inszenierung einer Ikone

1 Vgl. hierzu in Einzelheiten Großheim 2011.
2 Vgl. Hue Tam Ho Tai 1995, S. 280, Nguyen Bao und Chu Van Tac [6]2007, Duiker 2000, S. 565 f., und Großheim 2011, S. 126 f.
3 Vgl. Central Committee of the Communist Party of Vietnam 2002, S. 8.
4 Vgl. Hue Tam Ho Tai 1995, S. 282 f., und Templer 1999, S. 43 f.
5 Vgl. Großheim 2011, S. 127 f., Hue Tam Ho Tai 1995, S. 273, Brocheux 2008, S. 17 f., und Malarney 2002, S. 201–204.
6 Mach Quang Thang 2008.
7 Vgl.Quinn-Judge2002,S. 256,Brocheux2008,S. 17 f.,undDuiker2004,S. 131 f.
8 Bui Tin 1995, S. 66. Vgl. Nhan Dang 2007 und Großheim 2011, S. 129.
9 Mach Quang Thang 2008.
10 Hémery 1990, S. 145.
11 Vgl. Hoang Tranh 2001 und Le Quynh 2008.
12 Vgl. Baker 2002, Brocheux 2007, S. xiv, und Duiker 2004, S. 118.
13 Vgl. Großheim 2011, S. 129, http://thehehochiminh.net/gt/ (Zugriff: 21. 12. 2010) und ähnlich Mach Quang Thang 2008.
14 http://thehehochiminh.net/media/phim-tai-li%E1%BB%87u-h%E1%BB%93-chi-minh-chan-dung-m%E1%BB%99t-con-ng%C6%B0%E1%BB%9Di/ und http://www.youtube.com/user/THEHEHOCHIMINHDOTNET (Zugriff: 21. 12. 2010). Zum Film «Die Wahrheit über Ho Chi Minh» vgl. den üblichen Verriss Anon. 2009.
15 Tuan Viet 2010.

Epilog

1 Giebel 2007 weist daraufhin, dass bereits die vorkoloniale Geschichtsschreibung in Vietnam eine eminent didaktische und politische Funktion erfüllte und durch die Verbreitung eines teleologischen Geschichtsbildes die Herrschaft der jeweiligen Dynastie legitimierte. Die vietnamesische Geschichtswissenschaft folgt bis heute diesem Muster. Vgl. ebd.
2 Vgl. Quinn-Judge 2002, S. 7.
3 Vgl. Quinn-Judge 2008, S. 111.

Literatur

Quellen

Bundesarchiv Berlin (Barch):
DC 900: Allgemeiner Deutscher Nachrichtendienst (ADN)
DY 30: ZK der SED Abt. Internationale Verbindungen
NY 4090: Nachlass Walter Ulbricht

Central Committee of the Communist Party of Vietnam (2002). President Ho Chi Minh's Testament, Hanoi.

Fall, Bernard B. (Hg.) (1967). Ho Chi Minh on Revolution: Selected Writings, 1920–1966, New York.

Gettleman, Marvin u. a. (Hg.) ([2]1995). Vietnam and America. The Most Comprehensive Documented History of the Vietnam War, New York.

Ho Chi Minh Toan Tap (Ho Chi Minhs Gesamtwerk). Hanoi [2]2000 (12 Bände); im Internet: http://thehehochiminh.net/tp/ (abgerufen am 20. 12. 2010).

Le Huu Lap (2004). The Days beside Uncle Ho, in: Memories of Ho Chi Minh. Stories from his Assistants, Hanoi, S. 24–42.

Marr, David G. (Hg.) (1978). Reflections from Captivity, Athens.

Nguyen Dang Manh (2008). Hoi ky (Memoiren), Hanoi; im Internet: http://www.scribd.com/doc/5 624 134/Hi-K-Nguyn-ng-Mnh (abgerufen am 28. 10. 2010).

Politisches Archiv des Auswärtigen Amtes (PA), Berlin:

Archiv des ehemaligen Ministeriums für Auswärtige Angelegenheiten der Deutschen Demokratischen Republik (MfAA-Archiv):

- Berichte der Botschaft der DDR in der Demokratischen Republik Vietnam
- Berichte der 1. Außereuropäischen Abteilung (AA), der Sektion Vietnam, im Ministerium für Auswärtige Angelegenheiten (MfAA) der DDR

Porter, Gareth (Hg.) (1979). Vietnam: The Definitive Documentation of Human Decisions, New York.

Ruscio, Alain (Hg.) (1990). Ho Chi Minh. Textes, 1914–1969, Paris.

Tran Dan Tien ([8]1972). Nhung mau chuyen ve doi hoat dong cua Ho Chi Tich (Kleine Geschichten über das Leben von Präsident Ho Chi Minh), Hanoi.

Vu Ky (2009). Thu ky Bac Ho ke chuyen (Der Sekretär von Onkel Ho erzählt), Hanoi.

Biographien

Bao Tang Ho Chi Minh (Ho Chi Minh-Museum) (2009). Ho Chi Minh. Tieu su (Ho Chi Minh. Kurzbiographie), Hanoi.

Borton, Lady ([2]2010). Ho Chi Minh. A Journey, Hanoi.

Brocheux, Pierre (2007). Ho Chi Minh. A Biography, New York.

Brocheux, Pierre (2008). Ho Chi Minh – Bilder einer Ikone, in: Aus Politik und Zeitgeschichte 27, 2008, S 14–18; im Internet: http://www.bpb.de/publikationen/KBPEMV,0,Ho_Chi_Minh_Bilder_einer_Ikone.html (abgerufen am 13. 10. 2010).

Duiker, William J. (2000). Ho Chi Minh. A Life, New York.

Duiker, William J. (2004). Ho Chi Minh, Myth and Reality, in: Christopher Goscha und Benoît de Tréglodé (Hg.). Naissance d'un Etat-Parti : The Birth of a Party-State : Le Viêt Nam depuis 1945: Vietnam since 1945, Paris, S. 117–133.

Fenn, Charles (1973). Ho Chi Minh: A Biographical Introduction, New York.

Grün, Robert (1969). Ho Chi Minh. Die Biographie des großen Revolutionärs, München.

Halberstam, David (1987). Ho, New York.

Hémery, Daniel (1990). Ho Chi Minh. De l'Indochine au Vietnam, Paris.

Hoang Tranh (2001). Tang Tuyet Minh, nguoi vo Trung Quoc cua Nguyen Ai Quoc (Tang Tuyet Minh, die chinesische Frau Nguyen Ai Quocs); im Internet: http://www.diendan.org/tai-lieu/bao-cu/so-121/tang-tuyet-minh-nguoi-vo-trung-quoc-cua-nguyen-ai-quoc/ (abgerufen am 21. 12. 2010).

Hoang Tung (o. J.): Nhung ky niem ve Bac Ho (Erinnerungen an Onkel Ho); im Internet: http://danluan.org/node/5563#comment-17759 (abgerufen am 11. 10. 2010).

Kapfenberger, Hellmut (2009). Ho Chi Minh – Eine Chronik, Berlin.

Kobelev, Yevgeny (1989). Ho Chi Minh, Moskau.

Lacouture, Jean (1969). Ho Chi Minh, Frankfurt/M.

Mach Quang Thang (2008): Dau tranh chong lai cac luan dieu xuyen tac ve Chu tich Ho Chi Minh (Kampf gegen verfälschende Stimmen über Präsident Ho Chi Minh); im Internet: http://thehehochiminh.net/2009/12/15/machquangthang_dautranhchongxuyentac/#more-544 (abgerufen am 20. 12. 2010).

Mach Quang Thang (2009): Y kien ve tac pham «Ho Chi Minh: The Missing Years 1919–1941» (Ho Chi Minh – Nhung nam thang bi lang quen 1919–1941) cua tac gia Sophie Quinn-Judge (Ansichten zum Werk «Ho Chi Minh: The Missing Years 1919–1941» der Autorin Sophie Quinn-Judge); im Internet: http://thehehochiminh.net/2009/12/30/mqthang_sophie/(abgerufen am 20. 12. 2010).

Neumann-Hoditz, Reinhold (1971). Ho Tschi Minh, Hamburg.

Nguyen Bao und Chu Van Tac ([6]2007). Giu yen giac ngu cua Nguoi (Ho Chi Minh in Ruhe schlafen lassen), Hanoi; im Internet: http://www.bqllang.gov.vn/?lang= (abgerufen am 18. 2. 2009).

Quinn-Judge, Sophie (1993). Ho Chi Minh: New Perspectives from the Comintern Files, in: Viet Nam Forum 14, S. 61–81.
Quinn-Judge, Sophie (2002). Ho Chi Minh: the Missing Years, 1919–1941, Berkeley.
Quinn-Judge, Sophie (2004 a). Ho Chi Minh and the Making of his Image, in: Christopher Goscha und Benoît de Tréglodé (Hg.). Naissance d'un Etat-Parti: The Birth of a Party-State: Le Viêt Nam depuis 1945: Vietnam since 1945, Paris, S. 159–171.
Szeponik, Horst (1981). Ho Chi Minh. Ein Leben für Vietnam, Berlin (Ost).
Templer, Robert (1999). Shadows and Wind. A View from Modern Vietnam, New York.

Zeithintergrund

Anon. (2009). Nhung thuoc phim trai su that, trai dao ly (Filme entgegen der Wahrheit und dem Anstand); im Internet: http://www.baomoi.com/Info/Nhung-thuoc-phim-trai-su-that-trai-dao-ly/121/3 025 217.epi (abgerufen am 21. 12. 2010).
Baker, Mark (2002). Uncle Ho: A Legend on the Battlefield and in the Boudoir, in: Sydney Morning Herald, 15.8.2002; im Internet: http://www.smh.com.au/articles/2002/08/14/1029113957710.html (abgerufen am 12. 11. 2010).
Bartholomew-Feis, Dixee R. (2006). The OSS and Ho Chi Minh. Unexpected Allies in the War Against Japan, Lawrence, Kansas.
Boudarel, Georges und Nguyen Van Ky (2002). Hanoi. City of the Rising Dragon, Lanham u. a.
Bradley, Mark Philip (2000). Imagining Vietnam & America. The Making of Postcolonial Vietnam, 1919–1950, Chapel Hill und London.
Bradley, Mark Philip (2007). Making Sense of the French War. The Postcolonial Moment and the First Vietnam War, 1945–1954, in: Mark Atwood Lawrence und Fredrik Logevall (Hg.). The First Vietnam War. Colonial Conflict and Cold War Crisis, Cambridge, Mass., S. 16–40.
Bradley, Mark Philip und Marilyn B. Young (Hg.) (2008). Making Sense of the Vietnam Wars: Local, National, and Transnational Perspectives, Oxford.
Bradley, Mark Philip (2009). Vietnam at War, Oxford.
Bui Tin (1995). Following Ho Chi Minh. Memoirs of a North Vietnamese Colonel, London.
Chen Jian (2007). China and the Indochina Settlement at the Geneva Conference of 1954, in: Mark Lawrence and Frederik Logvall (Hg.). The First Vietnam War: Colonial Conflict and Cold War Crisis, Cambridge, S. 240–262.
Dabringhaus, Sabine (2008). Mao Zedong, München.
Duiker, William J. (1995). Sacred War. Nation and Revolution in a Divided Vietnam, New York.

Duiker, William J. ([2]1996). The Communist Road to Power in Vietnam, Boulder, Col.

Duong Van Mai Elliott (1999). The Sacred Willow: Four Generations in the Life of a Vietnamese Family, Oxford.

Fall, Bernard B. (1985). Hell in a Very Small Place: The Siege of Dien Bien Phu, New York.

Fall, Bernard B. (1994). Street without Joy, Mechanicsburg.

Frey, Marc ([8]2006). Geschichte des Vietnamkriegs. Die Trägodie in Asien und das Ende des amerikanischen Traums, München.

Gaiduk, Ilya V. (1996). The Soviet Union and the Vietnam War, Chicago.

Gaiduk, Ilya V. (2003). Confronting Vietnam. Soviet Policy toward the Indochina Conflict, 1954–1963, Washington, D. C.

Giebel, Christoph (2004). Imagined Ancestries of Vietnamese Communism. Ton Duc Thang and the Politics of History and Memory, Seattle and London.

Giebel, Christoph (2007). Revolution, War, and Memory in Contemporary Viet Nam: an Assessment and Agenda, in: Sheila Miyoshi Jager und Rana Mitter (Hg.). War, memory, and the post-Cold War in Asia, Cambridge, Mass., S. 307–321.

Goscha, Christopher E. (1999). Thailand and the Southeast Asian Networks of the Vietnamese Revolution, 1995–1954, Richmond, UK.

Goscha, Christopher E. (2006). Courting Diplomatic Disaster? The Difficult Integration of Vietnam into the International Communist Movement, in: Journal of Vietnamese Studies, Vol.1, No.1–2, S. 59–103.

Großheim, Martin (1997). Nordvietnamesische Dorfgemeinschaften: Kontinuität und Wandel. Vom Beginn der Kolonialzeit bis zum Ende der Vietnamkriege, Hamburg.

Großheim, Martin (2008). Erinnerungsdebatten in Vietnam, in: Aus Politik und Zeitgeschichte, 27/2008, S. 19–25.

Großheim, Martin (2009). Die Partei und der Krieg. Debatten und Dissens in Nordvietnam, Berlin.

Großheim, Martin (2011). Der «gerechte Krieg»: Der Vietnamkrieg und Erinnerungsdebatten, in: Jahrbuch für Politik und Geschichte 2010, S. 151–173.

Großheim, Martin (2011). Ho Chi Minh (1890–1969), in: Thomas Großbölting und Rüdiger Schmidt (Hg.) (2011). Der Tod des Diktators. Ereignis und Erinnerung im 20. Jahrhundert, Göttingen, S. 115–135.

Herring, George ([3]1996). America's Longest War. The United States and Vietnam, 1950–1975, New York.

Hue Tam Ho Tai (1995). Monumental Ambiguity: The State Commemoration of Ho Chi Minh, in: Keith W. Taylor und John K. Whitmore (Hg.) (1995). Essays into Vietnamese Past, Ithaca, N. Y., S. 272–288.

Huynh Kim Khanh (1982). Vietnamese Communism, 1925–1945, Ithaca, New York.

Kim N. B. Ninh (2002). A World Transformed: The Politics of Culture in Revolutionary Vietnam, 1945–1965, Ann Arbor, Mich.

Kurihara, Hirohide (2000). The First Congress of the Indochinese Communist Party (1935) and its Aftermath: A Turning Point in the Comintern – ICP Relations, in: Journal of Asian and African Studies 9, No.60, S. 1–35.

Lawrence, Mark Atwood und Fredric Logevall (Hg.) (2007). The First Vietnam War: Colonial Conflict and Cold War Crisis, Cambridge.

Le Quynh (2008). Gap nha Ho Chi Minh hoc o Quang Tay (Treffen mit einem Ho Chi Minh-Forscher in Guangxi); im Internet: http://www.bbc.co.uk/vietnamese/vietnam/story/2008/08/080820_hoangtranh.shtml (abgerufen am 21. 12. 2010).

Malarney, Shaun Kingsley (2002). Culture, Ritual and Revolution in Vietnam, London.

Marr, David G. (1997). Vietnam 1945: The Quest for Power, Berkeley.

Marr, David G. (1980). Vietnamese Anticolonialism 1895–1925, Berkeley.

Nguyen Huy Tuong (2006). Nhat ky, Tap III, Nghe si & cong dan (Tagebücher, Bd. 3, Künstler und Bürger), Hanoi.

Nguyen Khac Vien (1974). Confucianism and Marxism in Vietnam, in: ders. (Hg.): Tradition and Revolution in Vietnam, Berkeley und Washington, D. C., S. 15–74.

Nguyen T. Lien Hang (2006). The War Politburo: North Vietnam's Diplomatic and Political Road to the Tet Offensive, in: Journal of Vietnamese Studies, 1, Nos. 1–2, S. 4–58.

Nguyen Van Tran (1995). Viet cho me va quoc hoi (An die Mutter und die Nationalversammlung), Westminster.

Nhan Dang (2007). Ren luyen dao duc can, kiem, liem, chinh, bai tru tham o, lang phi, quan lieu (Die Moral des Fleißes, die Sparsamkeit, die Integrität und die Rechtschaffenheit stählen, die Korruption, die Verschwendung und den Bürokratismus ausmerzen), in: T/c Cong San (Kommunistische Zeitschrift), 8.

Olsen, Mari (2006). Soviet-Vietnam Relations and the Role of China, 1949–64. Changing Alliances, London und New York.

Patti, Archimedes L. A. (1980). Why Viet Nam? Prelude to America's Albatross, Berkeley und Los Angeles.

Pham Quang Minh (2010). The Meaning of the Complete Collection of Party Document, in: Journal of Vietnamese Studies, 5, No. 2, S. 208–218.

Pribbenow, Merle (2008). General Vo Nguyen Giap and the Mysterious Evolution of the Plan for the 1968 Tet Offensive, in: Journal of Vietnamese Studies 3, No. 2, S. 1–33

Qiang Zhai (2000). China and the Vietnam Wars 1950–1975, Chapel Hill and London.

Quinn-Judge, Sophie (2004b). Rethinking the History of the Vietnamese Communist Party, in: Duncan McCargo (Hg.). Rethinking Vietnam, London und New York, S. 27–39.

Quinn-Judge, Sophie (2005). The Ideological Debate in the DRV and the Significance of the Anti-Party Affair, 1967–68, in: Cold War History, 5 (Nov. 2005) 4, S. 479–500.

Quinn-Judge, Sophie (2008). Through a Glass Darkly: Reading the History of the Vietnamese Communist Part, 1945–1975, in: Mark Philip Bradley und Marilyn B. Young (Hg.). Making Sense of the Vietnam Wars: Local, National, and Transnational Perspectives, Oxford, S. 111–134.

Schütte, Heinz (2010). Fünfzig Jahre danach: Hundert Blumen in Vietnam, 1954–1960, Berlin.

Szalontai, Balazs (2005). Political and Economic Crisis in North Vietnam, 1955–56, in: Cold War History, 5 (Nov.) 4, S. 395–426.

Thayer, Carlyle A. (1989). War by Other Means. National Liberation and Revolution in Viet-Nam 1954–60, Sydney.

To Hoai (2005). Ba nguoi khac, Tieu thuyet (Drei andere, Roman), Danang 2005.

Tuan Viet (2010): Cang than thanh hoa la cang xa Bac (Je mehr man Onkel (Ho) vergöttert, desto mehr entfernt man sich von ihm). http://tuanvietnam.vietnamnet.vn/2010–05–21-cang-than-thanh-hoa-la-cang-xa-bac (abgerufen am 10. 6. 2010).

Tuong Vu (2008). Dreams of Paradise: The Making of a Soviet Outpost in Vietnam, in: Ab Imperio, 2, S. 255–285.

Tuong Vu (2009). «To Be Patriotic is to Build Socialism»: Communist Ideology in Vietnam's Civil War, in: Tuong Vu und Wasana Wongsurawat (Hg.). Dynamics of the Cold War in Asia. Ideology, Identity, and Culture, New York, S. 33–52.

Turley, William S. ([2]2009). The Second Indochina War. A Concise Political and Military History, Lanham u. a.

Xuan Phuong und Danièle Mazingarbe (2004). Ao dai. My War, my Country, my Vietnam, New York.

Yang Kuisong (2002). Changes in Mao Zedong's Attitude toward the Indochina War, 1949–73, Wahington: Working Paper No. 34, Cold War International History Project, 2002; im Internet: http://www.wilsoncenter.org/topics/pubs/ACFB04.pdf (abgerufen am 10. 1. 2011).

Bildnachweis

Abb. 1: ullstein bild – Roger Viollet | Abb. 2: Aus Sophie Quinn-Judge: Ho Chi Minh: the Missing Years, 1919–1941, Berkeley 2002 | Abb. 3: Aus Sophie Quinn-Judge: Ho Chi Minh: the Missing Years, 1919–1941, Berkeley 2002 | Abb. 4: Foto: René Défourneaux, aus Dixee R. Bartholomew-Feis: The OSS and Ho Chi Minh. Unexpected Allies in the War Against Japan, Lawrence, Kansas | Abb. 5: ullstein bild – Roger Viollet | Abb. 6: ullstein bild – Roger Viollet | Abb. 7: ullstein bild – ADN-Bildarchiv | Abb. 8: ullstein bild – impact | Abb. 9: ullstein bild – Binder | Karten: Peter Palm, Berlin

Personenregister

Zeitgeschichte in der Beck'schen Reihe

Stephan Bierling
Geschichte der amerikanischen Außenpolitik
Von 1917 bis zur Gegenwart
3., durchgesehene und erweiterte Auflage. 2007. 280 Seiten mit 4 Tabellen. Paperback
Beck'sche Reihe Band 1509

Marc Frey
Geschichte des Vietnamkriegs
Die Tragödie in Asien und das Ende des amerikanischen Traums
9. Auflage. 2010. 256 Seiten mit 2 Karten. Paperback
Beck'sche Reihe Band 1278

Wolfgang Krieger
Geschichte der Geheimdienste
Von den Pharaonen bis zur CIA
2., durchgesehene Auflage. 2010. 362 Seiten. Paperback
Beck'sche Reihe Band 1891

Sabine Dabringhaus
Mao Zedong
2008. 136 Seiten mit 6 Abbildungen. Paperback
C.H.Beck Wissen in der Beck'schen Reihe Band 2439

Helwig Schmidt-Glintzer
Das neue China
Von den Opiumkriegen bis heute
5. Auflage. 2009. 127 Seiten mit 3 Karten. Paperback
C.H.Beck Wissen in der Beck'schen Reihe Band 2126

Bernd Stöver
Der Kalte Krieg
3., durchgesehene Auflage. 2008. 128 Seiten mit 5 Karten. Paperback
C.H.Beck Wissen in der Beck'schen Reihe Band 2314

Verlag C.H.Beck